麻布十番街角物語

街に刻まれた歴史秘話

辻堂真理《つじどう・まさとし》

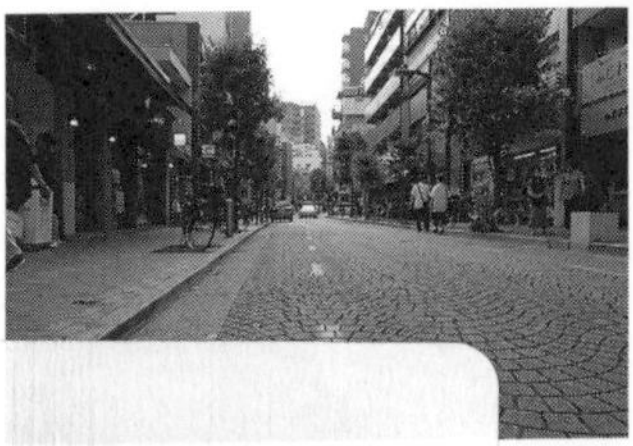

言視舎

麻布十番　街角物語　目次

プロローグ　麻布十番へはバスに乗って。　9

第一章　麻布十番を識る　23

第二章　十番商店街の奇跡［一］「復興篇」　57

第五章　秘史・麻布事件簿　

麻布十番　略図

川副秀樹『東京の「怪道」をゆく』より

プロローグ　麻布十番へはバスに乗って。

ガラケーからスマホへ！

私は麻布十番で小・中・高校時代を過ごした十番小僧です。

すでに麻布十番を離れて四十年あまり、その間に街のたたずまいはがらっと変わってしまいました。たしかに景観の変化そのものも大きな驚きですが、実は私にとってそれ以上に驚異なのは、麻布エリアのヘソにして〝ご本尊〟ともいうべき麻布十番商店街の盛況ぶりなのです。

一見なんの変哲もない商店街が、なぜ二十一世紀の今日まで人々を惹きつけて止まないのか？

そこには人々を惹きつけるサムシング――強力な磁力があるに違いありません。

このサムシングを解き明かすのが、本書のねらいのひとつでもあります。

いま本書を手に取られている三十歳以下の読者の方には想像できないかもしれませんが、かつて麻布十番は「陸の孤島」と呼ばれていました。

「ガラパゴスの島々じゃあるまいし、都内有数の人気タウンである麻布十番が、どーして陸の孤島なの？」

そんな声が聞こえてきそうですが、この街に地下鉄が開通してからまだ二十年も経っていないのです。それ以前はというと、最寄りに鉄道や地下鉄の駅はなく、交通手段はもっぱら都電（路面電車）、都電の廃止後は都営バスにほぼ一〇〇パーセント依存していました。

ちなみに「ほぼ」と書いた理由は、地元住民のなかにはモタモタ走る都電や、なかなか時刻表どおりに発着しないバスに乗るのを潔しとせず、十五分から二十分かけて地下鉄日比谷線の六本木駅まで歩く〝剛の者〟もいたからです。

二〇〇〇年にようやく東京メトロ南北線と都営大江戸線が開通。「麻布十番駅」が麻布エリアの玄関口になります。地元住民の生活が格段に便利になったことはいうまでもありませんが、この街を目指す人々にとっても地下鉄の恩恵は計り知れず、現在の麻布十番に「陸の孤島」という印象を抱く来街者はまずいないでしょう。

さらに二〇〇三年、六本木六丁目に「六本木ヒルズ」が誕生すると、麻布十番を訪れる人々の質と流れが大きく変わります。商用や映画鑑賞のために六本木ヒルズにやってきたビジネスパーソンや学生たちが、さくら坂を下って麻布エリアまで足を伸ばし、十番商店街を闊歩するようになったのです。

ヒルズ族の流入により、十番商店街自身も変化を余儀なくされ、その結果、飲食店を中心に個性的でオシャレな店舗が次々と誕生。江戸時代から続く老舗が多いことで知られてきた十番商店街が、老舗と最先端のショップが共存共栄する特異なハイブリッドタウンへと変貌したのです。その進化のありさまは、さながら機能が限定されていたガラケーが、アプリを満載した多機能なスマホへと生まれ変わったような趣です。

その一方で、街がスマホ化すればすべてが万々歳という話でもなく、ガラケーならではの使い勝手や単純明快さという美質も失ってほしくないという声があることも事実です。それでもなお十番商店街が人々を惹きつけるのは、この商店街が変化だけでなく、いまも進化を続けているからです。このことは、麻布十番という街を理解するうえで重要なポイントになります。

進化する老舗商店街

十番商店街を中心とした麻布エリアのおもしろさは、現在もなお刻々と変化と進化を繰り返しているところにあります。もっとも、ものごとの変化や進歩といったことに異を立てる人々はいるもので、世の趨勢などおかまいなく、頑なにガラケーを使い続けている人々が少数ながら存在することも知っています。

かくいう私自身もガラケー派で、携帯電話は通話とメールさえできれば事足りると割り切り、いささかの不便は承知のうえで、用途によって携帯電話とＰＣを使い分けています。だからといって、スマホやスマホの愛用者を非難しようなどと毛ほども思ったことはありません。スマホの多機能性と便利さは人並みに理解しているつもりです。

ところが、いつの時代にも「團菊ジジイ」や「文志ジジイ」という人種はいるものです。歌舞伎ならば九代目市川團十郎・五代目尾上菊五郎、落語なら八代目桂文楽、五代目古今亭志ん生こそが至高であり、その他の役者や噺家はいっさい受け容れないという、いわゆる下降史観の呪縛から逃れられない人々です。こうした頑迷で管見な人々の手にかかると、「昔の十番商店街はよかった」ということになり、すぐに「十番は堕落した」という結論に落ち着くことになるわけです。

ここで少々口幅ったいことを言わせていただくと、私は「伝統に対する過度のこだわりは、文化の弱体化の兆候にほかならない」というダニエル・バレンボイム（ピアニスト・指揮者）の言葉をこよなく信奉する者です。

十番商店街が断然おもしろいのは、江戸時代に創業した老舗と新たに生まれたショップが互いの利益を侵すことなく共存し、一層魅力ある商店街に変化すべく、常に新陳代謝を続けているところにあります。

時代遅れの縄張り意識や排他的な考えに凝り固まることなく、新出するショップを受け入れる柔軟性を持ち、さらに新規店に刺激を受けた老舗の継承者たちがそれぞれの伝統と創業精神を守りながら進化することで、商店街全体が輝きを増す。これが他所にはない十番商店街の大きな魅力ということができます。

母なる川

本書が一般のタウンガイドならば、麻布十番への交通手段として、当然のこととして東京メトロ南北線か、都営大江戸線の「麻布十番駅」で下車することをお勧めしていたことでしょう。しかし、あえて私は都営バスを利用して麻布十番へ行くことを強く推奨します。それも、渋谷駅の東口バスターミナル始発の「新橋行き」（都０６）に乗って。もちろん、そう申し上げるからには、それなりの理由があります。

渋谷駅東口を出発したバスは明治通りを東へ向かって広尾方面へとひた走ります。車窓から見えるのは沿道に隙間なくビルが立ち並ぶ退屈な風景ですが、ここで進行方向右側の車窓に眼を凝らしてみてください。櫛比《しっぴ》するビルに阻まれて見えませんが、実はビル群の後方には「渋谷川」が明治通りに寄り添うように流れているのです。

新宿御苑の池を水源とする渋谷川は何本もの支流と合流しながら新宿区・渋谷区、港区を流れ、やがて東京湾へと注ぐ総延長七キロの二級河川。作詞家の高野辰之は渋谷川支流の「河骨川《こうほね》」界隈の田園風景をもとに唱歌『春の小川』を作詞したといわれていますが、昭和三十年代に渋谷駅以北の上流域は暗渠化され、現在では支流も姿を消してしまいました。

したがって、いま私たちがようやく目にすることのできる渋谷川の姿は、渋谷駅を出て最初の停留所である並木橋あたりからになるのですが、残念ながらバスの車窓からはそれを見ることができません。すぐそこにあるのに目にすることのできないもどかしさに隔靴掻痒、二階から目薬の心境。

そんな苛立ちをよそにバスは渋谷橋を通過して、広尾一丁目、広尾病院前をずんずん直進しますが、明治通りと外苑西通りが交差する天現寺橋を通過したら要注意。ふたたび右側の車窓を注視してください。「天現寺橋」の停留所を過ぎてすぐ、首都高速目黒線の高架下に、渋谷川がいきなり姿を現します。これはちょっとしたサプライズなので、ぜひともその瞬間を見逃さないでほしいと思います。

正確にいえば、ここで私たちが目にする渋谷川は「古川」といいます。渋谷区と港区の境界である天現寺橋交差点を超えて港区エリアに流入すると、渋谷川はその呼称を古川に変えるのです。そもそも天現寺橋はかつて青山方面から流れてきた笄川《こうがい》（現在は暗渠化されています）と渋谷川との合流地点で、日比谷線の広尾駅から天現寺橋にかけての区境が複雑に蛇行しているのは、往時の笄川の流路に沿って港区と渋谷区の境界が定められた名残なのです。

これから私たちが探訪しようとしている麻布十番と周辺エリアは、古川の沿岸に拓けた土地です。その意味で、古川は麻布にとって「母なる川」のような存在で、十番小僧だった私が通った港区立東町小学校の校歌にも、「日夜低きにつく水の　さとしも深き古川の……」と唄われているように、昔から古川と麻布は切っても切れない関係といってもよく、後に詳しく述べることになりますが、麻布十番という町そのものが古川の水運とともに発展してきたという歴史をもっています。

ここからバスは古川に寄り添うように、麻布エリアの表玄関である「麻布十番駅前」停留所へ向かって進んでいきますが、ここで正面の車窓に視線を移してください。古川を挟んで向こう側（右岸）は港区白金、いまバスが走っている明治通り側、つまり古川の左岸が港区南麻布で、本書であつかう麻布エリアはすべて古川の左岸に位置していることを脳内地図にマークしておいてください。ということで、この位置は古川が麻布エリアと白金エリアを分ける境界になっているわけですが、ここからしばらくは右岸の白金エリアを白金台地、左岸の麻布エリアを麻布台地と呼び替えて、話を進めたいと思います。

麻布台地という山

たとえばグーグルアースやグーグルマップの「地形」機能を使って港区の地勢を3Dで眺めてみると、麻布や六本木、その周辺がかなり凸凹のある地形であることがわかります。本書であつかうエリアは麻布台地で、周囲には飯倉台地、白金台地、高輪台地、三田台地といった台地群が連なっています。

それにしても麻布台地の高低差が描き出す複雑な紋様を3Dマップ上で見ていると、まるでホルスタインの斑柄のよう。凸凹が多いということは、その土地の高低差の著しさを意味しており、麻布エリアがどれだけ起伏にとんだ土地であるかが容易に想像できるというものです。

ここで「麻布は大きなひとつの山である」と申し上げたら驚かれる方が多いかもしれません。南麻布にある浄土真宗本願寺派の古刹「善福寺」の山号はズバリ「麻布山」といいますが、実際に幼

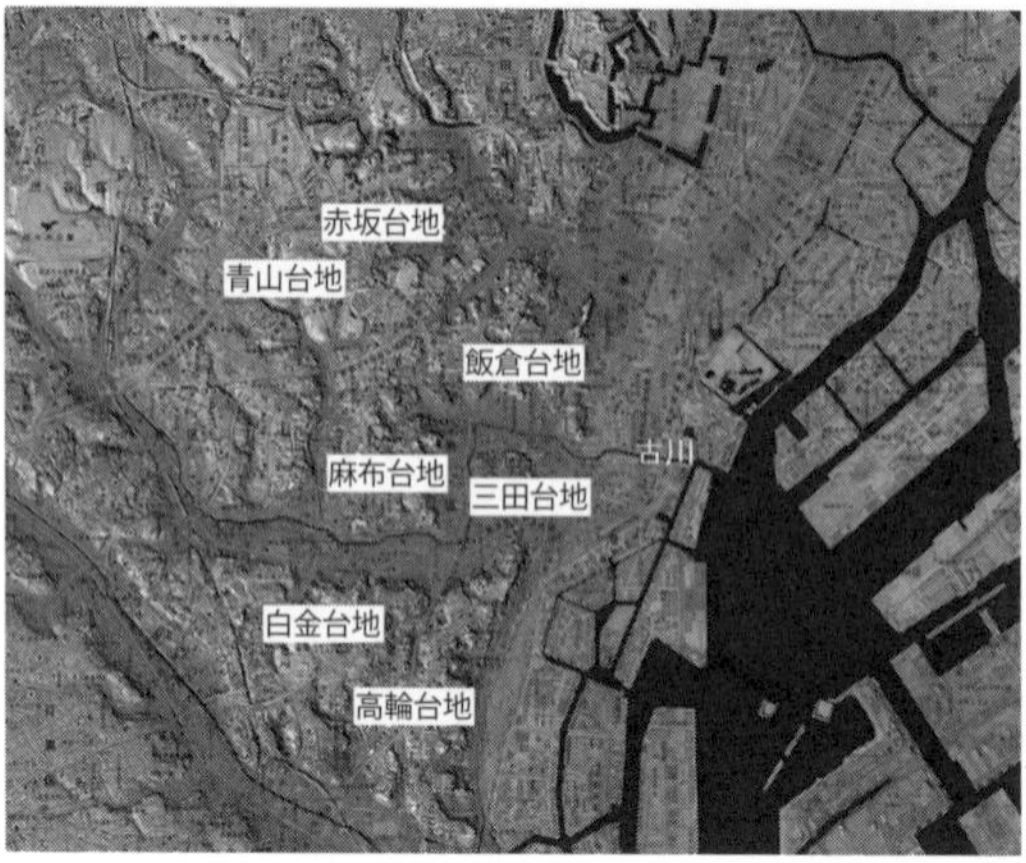

国土地理院「デジタル標高地図」を参照して作成

少時代の私は麻布という町そのものが、麻布山という山と、その裾野や谷筋に商店や住宅が密集している土地柄であるという印象を抱いていました。

　これは当たらずといえども遠からずで、後年『麻布の少年』（暗闇坂瞬・明窓出版）という小説を読んでいて、思わず我が意を得たりと膝を叩いたものです。それは、この本の冒頭に麻布の地勢と土地柄を説明する次のような記述を見つけたからです。

「麻布は確かに武蔵野台地の東端の一角ともいうべき一つの山で、武蔵野を髣髴《ほうふつ》させる古木、大木が多く残り、登りきると頂上は馬の背の様な台形型になっている」

「都心の一角を占めながら、東都麻布の山の地形の玄妙さは比類がない。山と言ってもせいぜい標高三〇メートル程の山なのであるが、坂道を登り切った山上台地からは更に高い大隅山と呼ばれる突起が、ひどく大袈裟に比喩すればカルデラ山のように隆起し、その麓にはガマ池と呼ばれる、都心の池とはとても思えぬ程堂々とした、広い池畔《ちはん》を持つ沼が、カルデラ湖のように幽玄にたたずんでいた」

　麻布という土地の実相をこれほど端的に描写した文章には滅多にお目にかかれません。この小説の著者、暗闇坂瞬氏（そもそもペンネームの暗闇坂は麻布十番から元麻布方面に上る坂）は、台地の尾根にあたる元麻布で幼年時代をおくったものと推察されますが、氏が作品のなかで紹介している麻布の風景や風物は、同じように幼年期から思春期にいたる多感な十数年間を麻布で過ごした私の心象風景と寸分たがわず重なるのです（私が住んでいたのは台地＝山の手エリアではなく、低地＝下町エリアでしたが）。

また、「カルデラ湖のように幽玄にたたずんでいた」と表現されている「ガマ池（蟇池）」は、私たち十番小僧たちにとっての〝聖地〟といっても過言ではなく、周囲にめぐらされた塀を乗り越え、親に内緒でザリガニ釣りに興じた小学校時代を懐かしく思い出します（エピローグ参照）。

それはともかく、ここまで麻布の地形について執拗に文字数を費やしてきたのは、麻布というエリアが樹枝のように複雑な形状に伸びた尾根を持つ台地部と、この台地部を刻む谷筋、台地の斜面や低地部とで構成された地勢であることを最初に知っておいてほしかったからです。この台地（山の手エリア）と低地（下町エリア）のコントラストが織りなす特異な景観や奇景を実際に見て歩き、体感することが麻布エリアを散策する最大の魅力であり、醍醐味でもあるからです。

というわけで、天現寺橋バス停から古川橋バス停までの区間、バスは麻布台地の南斜面を左側に、白金台地の北面の裾野を右側に見ながら、古川が刻んだ谷筋の道（明治通り）を進んでいきます。

ここで「都06」のバス停留所名を列挙してみると、「天現寺橋」以降、「光林寺前」を挟んで「四ノ橋」「古川橋」と、橋の名前が連続します。この路線は渋谷川〜古川に寄り添って走っているので、停留所の半数がおのずと橋の名前になっているわけです。

ついでに申し上げておくと、「天現寺橋」から「古川橋」の間には、さらに「狸橋」「亀屋橋」「養老橋」「五ノ橋」「白金公園橋」「新古川橋」などの小さな橋が架かっています。このなかで「狸橋」は世にいう麻布七不思議のひとつ「狸蕎麦」に登場する橋。江戸の昔、この橋の近くに一軒の蕎麦屋があり、子供を背負った女が蕎麦を購った。その翌日、女の支払った金が木の葉に変わっていた、という江戸都市伝説の定番のようなストーリーですが、以来、江戸の人々はこのあたりの土地を「狸蕎麦」と呼ぶようになり、橋には「狸橋」の名がつけられたとか。明治になって福沢諭吉がこの地に別邸を建てたことから、「狸橋」が福沢家の所有だった時期もあったそうです。

明治通り？　桜田通り？

話がやや横道に逸れてしまいましたが、そうこうしているうちにバスは古川に沿って古川橋の交差点を左折して進路を北へ。「三ノ橋」「二ノ橋」を経て麻布エリアの表玄関である「麻布十番駅前」(元・一ノ橋)停留所へと進みます。

突然ですが、ここで問題です。いまバスが走っている道路の名前をお答えください。明治通り？答えはNOです。

実は明治通りは古川橋交差点までの名称。古川橋交差点を左折すると「東京都道415号高輪麻布線」、別名「放射1号線」という名称に変わるのです。道路の名前なんかどうでもいいような話ですが、これが十番小僧の私にとっては悩みのタネでした。

小学生のころ、社会科の授業で先生がこの道路を「桜田通り」と説明したことから、幼少期の私は長らくこの道路を桜田通りと信じていました。ところがその後、多くの人々がこの道路を明治通りと呼び、十番商店街の公式ＨＰ上にも明治通りという記述があったことから、私の頭の片隅では常に「桜田説」と「明治説」がせめぎ合い、くすぶり続けていたのです。

そんな私がこの道路が桜田通りでも明治通りでもなく、「都道４１５号線」という味も素っ気もない道路名であることを知ったのはほんの十数年まえのこと。バスのルートにしたがって説明すると、渋谷から古川橋交差点（港区南麻布二丁目）までが明治通りで、この交差点が明治通りの起点になっているのです（終点は江東区の夢の島）。

麻布通り（都道415）

また、桜田通りは白金一丁目の交差点で都道４１５号線と交差していることから、大勢の人が勘違いして、「桜田説」が生まれたものと思われます。

ところが困ったことに、相変わら

ずこの道路を明治通りだと思い込んでいる人々が後を絶ちません。もっともな話で、「青山通り」「六本木通り」といった有名な通り名が目白押しの港区にあって、そもそもが「都道415号線」なのですから、これでは誰も注目してくれません。いつまでも明治通りの延長として認識されても仕方ないでしょう。

そこで、「これじゃいかん!」と奮起した沿道の十五の町会、四つの商店会に区議会議員と都議会議員を加えたメンバーが「都道415号線に『麻布通り』と愛称をつける協議会」を発足。同会の働きかけにより、二〇一四年九月、東京都の許諾を得て古川橋交差点から六本木二丁目交差点までの区間に、晴れて「麻布通り」という愛称が付けられたのです。

翌年には麻布十番商店街の入口と沿道の三箇所に道路案内表示板が設置され、序幕式までおこなわれましたが、残念なことに、いまだにこの愛称は定着していません。ためしにタクシーに乗って「麻布通り」と行き先を告げてみてください。十人中九人の運転手さんが困惑顔を浮かべることでしょう。

麻布十番商店街のメインストリートである「麻布十番大通り」と混同されやすいことに加え、同じ港区内にある「骨董通り」「キラー通り」などと較べても個性やインパクトに欠けるので、この先も「麻布通り」が人口に膾炙する可能性は低いのではないかと思われます。

都内には通り名のついた道路が一千近くもあるそうですが、残念ながら人々に認知されないケースはあちこちで散見できます。国道246号線のルート上で千代田区から渋谷区のエリアを「青山通り」と称しますが、これが渋谷警察署まえの交差点から新二子橋までの区間に限り「玉川通り」という通り名に変わります。ところが沿道の住民はなかなか「玉川通り」とは認めてくれず、「246」という国道名で呼ぶのが一般的になっています。

こうした例は枚挙にいとまなく、世田谷区だけでも「希望丘通り」（船橋）、「サザエさん通り」（新町）、「用賀七条通り」（上用賀）、「奥沢大蛇通り」（奥沢）……等々、知る人ぞ知る通り名が目白押し。みなさんのお住まいの近くにもあるでしょう、地域住民にさえ認知してもらえない不幸な通り名が。いっそのこと、国土交通省あたりが「日本全国〝不幸な通り名〟大賞」などを発表すれば、かえって話題になって人々に注目されるのではないかと思いますが。

というわけで、くだんの〝麻布通り〟を「麻布十番駅前」停留所で下車すれば、そこはもう麻布十番商店街の入口です。

ちなみに「都06」のバスは、このあと一ノ橋交差点を直角に右折、金杉橋まで古川に寄り添いながら進み、新橋駅へと向かいます。一方、古川は金杉橋の下を東へまっすぐに流れ、新浜崎橋の先で東京湾へと注がれます。

さて、たった二十分ほどの乗車時間でしたが、バスの車窓を透かして母なる古川の姿と麻布台地の地形をひととおり予習したところで、とびきりディープな麻布十番の世界へと足を踏み入れることにしましょう。

第一章

麻布十番を識る

善福寺（ベアト撮影　横浜開港資料館蔵
『江戸の外国公使館』港区立郷土資料館、2005 年より）

高低差二十五メートルの醍醐味

港区のほぼ中央に位置する麻布十番は、北は六本木、西は元麻布、東は東麻布、南は南麻布と接する総面積〇・一七平方キロメートル（東京ドーム四個分）のこぢんまりしたエリア。麻布台地の裾野に開けた低地で、麻布十番駅周辺の海抜は五メートル。麻布台地の尾根にあたる元麻布五丁目と比較すると、標高差はなんと二十五メートルにもなります。

ひところの麻布十番界隈で自転車に乗った人をあまり見かけなかったのはこの高低差のため。元麻布や六本木、飯倉方向へ出るにも、かなり傾斜度のある坂を上らなくてはならないので、歩いたほうが賢明ということになります。麻布で暮らした小中高時代、私も自転車というものを所有していませんでしたが、痛痒を感じたことは一度もありませんでした。

電動アシスト自転車の普及によって往日ほどの苦労は軽減されたとはいえ、麻布エリア（麻布十番、元麻布、東麻布、西麻布、南麻布、麻布台、麻布永坂町、麻布狸穴町）の散策は徒歩に如くはなし。「山あり、谷あり、坂道あり」の起伏に富んだ地面を足裏で感じ、ときには立ち止まって、台地と低地と段丘が造形したギョッとするような奇観を愉しむ。これこそが他所では体験できない麻布ウォッチングの醍醐味といえるでしょう。

「麻布」と「十番」の謎

さて、それにしても「麻布十番」とは珍妙な地名ですよね。

そこで麻布の由来ですが、麻布を字面どおり解釈すれば〝麻の布〟ということになります。〝布〟に関連した地名は全国いたるところにあり、都内では「調布」「布田」「砧」などがすぐ思い浮かびます。

アザブという地名がはじめて歴史上の文書に記録されたのは、戦国大名の小田原北条氏が永禄二年（一五五九）二月に編纂を完了した「小田原衆所領役帳《おだわらしゅうしょりょうやくちょう》」といわれます。これは、北条氏が一門や家臣に諸役を賦課するときの基準となる、各人の役高（収入や俸禄。この場合は土地）を明記したもので、御馬廻衆（大将の馬の廻りに付き添う武士）狩野大膳亮という人の郷名に「江戸　阿佐布」という文字が誌されています。ただし、ここでは「麻布」ではなく「阿佐布」。

時代は下って、寛政十二年（一八〇〇）に大橋方長が著した『江戸往古図説』のなかには、「今は麻布と書く。また昔は麻生と書いたと古くから言い伝える。この地は昔、麻を多く植え、布を織り出したことによる地名であるといい、また草が浅々《あっさり》と生える浅生であるともいう」と誌されており、やはり麻布という地名は植物の「麻」と「布《ぬの》」が由来のようです。

アザブの表記については右の資料にもあるように、時期によって「麻生」「浅生」「阿佐布」「浅府」「安座部」等さまざまに書き表されていたようで、芭蕉の句にも「鶯をたずねたずねて阿佐布かな」というのがあります（近年、この句を芭蕉の贋作とする説も）。

余談ですが、六本木三丁目にある和菓子の老舗「青野総本舗」では、この芭蕉の句を店のキャッチフレーズに借用しています。名物はもちろん「鶯もち」で、創業はなんと江戸末期の安政三年（一八五六）。さすが和菓子屋さん、創業が安政（あん製）です。

話を戻しますと、明暦年間（一六五五〜一六五八）作成の『武蔵国絵図』ではすでに「麻布」という漢字を当てているところをみると、この時代以降に少しずつ人口に膾炙していき、一七〇〇年代になってこの界隈が町奉行の配下になったころに、「阿佐布」から「麻布」へと正式に改められたようです。

「なんだ、埒《らち》もない！」と落胆される読者もいらっしゃるかもしれませんが、地名の由来なんて大抵そんなもの……とタカをくくって、東京杉並の「阿佐ヶ谷《あさがや》」もたぶん「麻ヶ谷」の変化形と思っていたら、さにあらず。実は〝浅い谷〟が由来なのだそう。いやはや予断は禁物。何事も調べてみないとわかりません。

差し当たって「麻布」の謎が解けたところで、次は「十番」の由来です。

漢数字をふくむ地名も日本全国にあり、都内では千代田区にある一番町から五番町が有名。ところが麻布は「十番」だけで、麻布九番も麻布十一番も存在しません。なぜ十番なのか、不思議ですね。はい、これにはちゃんと理由があるのです。諸説あるため断定はできませんが、この謎については後ほど説明することにします。

麻布に貝塚!?

ここで話題は紀元前にワープします。

読者のみなさんは、「麻布の台地に貝塚がある」と申し上げたら驚かれるでしょうか？ 都内には百以上の貝塚が点在しますが、最多は大田区の二十五で、なかでも大森貝塚が有名ですね。もっとも大田区は東京湾に面した地勢なので貝塚が十や二十あっても不思議ではありません。いっぽう港区にも十五の貝塚があって、この数は大田区に次ぐ第二位。港区もその名のとおり東京湾に面していることを考えれば、これまたうなずける話ではあります。

麻布台地の南端にあたる南麻布三丁目の南斜面には貝塚が存在します。一九三〇年代に発掘調査された「本村町貝塚」で、ハマグリ、サルボウ、オキシジミなどの海水産の貝殻から成る厚さ三〇センチの貝層から、黒浜式、諸磯式などの縄文前期（七〇〇〇～五五〇〇年前）の土器の破片も発見されました。

小学校の社会科の授業で本村町貝塚をはじめて知った私は、「なぜ麻布の台地から貝塚？」と首を傾げたものですが、ちょいと歴史の資料をひもといてみれば疑問は氷解。縄文時代、古川はまだ河川の形になっておらず、古川が刻んだ谷筋――プロローグで述べた麻布台地と白金大地の狭間のあたりまで東京湾が入り込み、いまの古川の流れに沿って、古川橋から一之橋、さらに赤羽橋の方向へと細長い入江が形成されていたようなのです。そして、この入江には多品数の貝が繁殖していたらしく、貝塚を築いた縄文人たちの貴重なタンパク源になっていたことは想像に難くありません。

縄文時代なんて私たちの想像をはるかに超えた世界ですけれど、いずれにせよ麻布の台地には太古の昔から人が住み着いていたようです。

ちなみに貝塚名になっている「本村」は、「麻布本村町」という地名に由来しています。本村を字義どおり解釈すれば「村のおおもと」「村のはじめ」というニュアンスになりますが、貝塚が発見された麻布台地上から古川を望む南向きの斜面には古くから集落が形成され、かつての阿佐布という地名はこのあたりを指していたものと思われます。

現在、本村町という町名は存在しませんが、南麻布一丁目、二丁目、元麻布二丁目の一部にあたる広域なエリアが旧本村町で、小学校名（南麻布三丁目にある港区立本村小学校）や町会名（麻布本村町会）などに辛うじて往昔の名残をとどめています。

麻布十番の繁栄は善福寺の門前から

さて、気の遠くなるような長い年月を経て海岸が後退し、貝類の生息に適していた海浜が陸地へと変わったのは弥生時代のころと見られています。しかし不思議なことに、麻布エリア（というよりも港区全体）からはこの時代の遺跡がほとんど発見されていないのです。

弥生時代といえば日本に水稲農耕が根付き、各地で盛んに稲作がおこなわれるようになった時代ですが、平坦な土地の少なかった港区は地勢的に水田には不向きで、こうしたことも麻布エリアに弥生文化の痕跡が乏しい一因と考えられています。

紀元前の話はともかく、麻布台地とその周辺には、いにしえの時代から人々が住み着き、集落を形成していたことはほぼ間違いないようです。

港区の他の地域に比べ、このエリアに古い時代に創建された寺社が集中しているのもその証左ですが、いずれの寺社も麻布台地上か、台地と低地の境目に建っているのが特徴。ちなみに、天長元年（八二四）に弘法大師＝空海によって開創されたと伝えられる古刹「麻布山善福寺」（元麻布一丁目）も、台地の東端に位置しています。

中世のころには本村町を中心とする広域な台地エリアに「阿佐布村」という集落があったとみられますが、その様相は現在の麻布十番とはかけ離れていました。古くから寺社や村落のあった台地部に比べ、低地部はといえば古川沿いに水田があるだけで、大部分は武蔵野につながる未開の原野だったようです。

そんなわけで低地部が開けてくるのは台地部よりもずっと後のことになりますが、そのきっかけになったのが善福寺の門前を中心とするエリアでした。

中世の頃からこのあたりにも集落があったといわれており、善福寺とその門前町のエリアを「雑式」と呼んでいたようです。いまも善福寺の参道を背にして南北に走る道路を「雑式《ぞうしき》通り」と呼んでいますが、へんてこな通り名ですよね。

雑式は「雑色」の古語で、本来は律令下の官僚集団のなかで雑役を担当する職種を指します。善福寺の営繕や祭具を製作する技術者、寺の雑役に従事する人々が門前のエリアに居を定め、やがて一つの集落を成すようになったのかもしれません。

麻布十番はこの善福寺の門前エリアの集落が次第に東方向に拡散するように発展していきますが、商店や家屋が増えて、多くの人々がこの地に住むようになったのは、江戸時代に入ってからでした。

振袖火事

江戸市街の整備が急ピッチで進められるようになったのは、天正十八年（一五九〇）に徳川家康が江戸に入府してからのこと。寛永十二年（一六三五）には各藩の藩主を江戸に出仕させる参勤交代が制度化され、諸藩の屋敷が江戸市中に林立。この頃から麻布の台地上にも武家屋敷が建ちはじめます。

そして明暦三年（一六五七）一月十八日、江戸市中に未曾有の大火災が発生。江戸三大火事の筆頭に挙げられる「明暦の大火」です。

この日の未の刻（午後二時ごろ）、本郷丸山の本妙寺から出火。猛火は二日間にわたって江戸の市街地を焼き尽くし、江戸城をはじめ多くの大名屋敷は焼け落ち、市街地の大半を焼失。死者数は三万から十万人とも。供養のために寺で焼いた振袖が出火原因といわれることから、またの名を「振袖火事」といいます。

この大火をきっかけに、幕府は火事に強い江戸の街づくりを目指して、江戸市街に密集していた武家地や寺社地を郊外に移す施策を打ち出します。具体的には、江戸城の近くにあった武家屋敷は外堀の外に移設し、跡地は火除地に。移し替えの対象にならなかった大名にも、江戸郊外に災害時の避難所や別邸を建てるための広大な屋敷地を与えたのです。

幕府が打ち出した防災都市計画によって、諸国の大名たちは江戸に上屋敷・中屋敷・下屋敷の三つの屋敷を建てるようになります。石高によって差はあるものの、武家屋敷を建てるには広大な面積の土地が必要になるわけですが、これだけの土地を江戸市域に確保するのはとうてい不可能。江戸の市街地は郊外へ拡大していきます。まさに江戸のスプロール現象ですね。

こうした経緯によって、それまで田畑と原野だった麻布エリアの台地上に武家屋敷の建設ラッシュが押し寄せるようになります。なかでも十番エリアには小禄の大名や御家人を中心とした武家屋敷が集中。台地部の土地だけでは間に合わなくなると低地部の開発も進められ、延宝年間（一六七三〜八一）には善福寺門前の雑式集落より東のエリアも武家屋敷となり、人口も増えていきます。

郊外とはいえ、麻布十番は大名が中屋敷や下屋敷を建てるのに絶好のロケーションで、江戸城までの距離はおよそ五〜六キロ。徒歩で一時間ちょっと、江戸時代の人ならもっと早く歩いたかもしれません。とにかく徳川に仕える武家たちにとってこのうえない好適地だったのです。

もっとも、麻布エリアが正式に江戸市中には組み入れられるのは先述したように少し先の話で、正徳三年（一七一三）にまず百姓屋敷が、次いで延享二年（一七四五）には善福寺門前の町屋がそれぞれ町奉行の支配下となり、晴れて江戸八百八町の仲間入りを果たします。

とはいっても生粋の江戸っ子を自認する神田あたりの住人たちから見れば、麻布なんぞは辺鄙な村里に過ぎません。少し先の話になりますが、江戸の人々はそんな麻布をちょっと小馬鹿にして、「麻布で気がしれぬ」とさかんに揶揄ったといいます。

古川の改修工事

ということで、振袖火事に端を発した幕府の江戸市街拡大政策のムーブメントに乗って、麻布十番とその周辺に大名や旗本の武家屋敷が雨後のタケノコのように建ち並びます。

時代は下りますが、参考までに文政十年（一八二七）の資料を見ると、麻布エリアには五十九人の旗本とその関係者が居住しており、現在の城南地区（港区・品川区・目黒区・大田区）のなかでは芝や愛宕町に次ぐ御屋敷町だったことがわかります。いまも麻布の山の手（台地部）である元麻布や南麻布の一部は各国の大使館やゴージャスなマンションが蝟《い》集する都内屈指の高級住宅街として有名ですが、こうした土地柄は江戸時代から連綿と受け継がれてきたものなのです。

こうして麻布十番と周辺エリアは武家の町として定着したわけですが、サムライといえども人の子。魚も食えば蔬菜《そさい》も食う、日用の雑貨類だって必要になります。そこで坂下の低地部（谷地）には次々と商店が建ち並ぶようになり、やがて一大商圏を形成することに。これが麻布十番商店街の起源ともいえるのですが、ここで注目したいのは、「お屋敷は坂上に、商店は坂下に」という二極分化された住み分けの法則。

身分制度が確立されていた江戸時代には、武家屋敷と商店が並んで建つことはありませんでした。明治以降になると、今度は土地の品格（地格）を維持するために屋敷街から商店を排除。およそ屋敷街と呼ばれているエリアには、現在もこの法則が機能しています。いまも元麻布の高級住宅街には商店が存在せず、坂上の住人たちはちょっとしたショッピングにも坂下の十番商店街まで下りてきます。昔もいまも、十番商店街と坂上の住人は切っても切れない関係にあるわけですね。

やや話が脱線しましたが、当初は武家屋敷ばかりだった麻布エリアにも、やがて坂下の低地（下町）を中心に商業圏が発達。庶民の町としての賑わいを併せ持つようになりますが、さらにその傾向を推し進める契機となったのが、プロローグで〝母なる川〟とご紹介した「古川」でした。

延宝三年（一六七五）、幕府は振袖火事後の都市計画の一環として、古川の改修工事に着手。古川の河口と川幅を広げて、河口部から一之橋の間を船で行き来できるようにしたのです。

麻布十番の「十番」の地名も、実はこの改修工事に由来しています。工事の際、一之橋のあたりは下流から数えて十番目の工区に該当していたことから、人々は麻布一之橋の界隈を「十番」と呼ぶようになったといいます。〔**十番由来その一**〕

さらに元禄期になると、ふたたび古川の大規模工事がおこなわれます。時代は少し遡りますが、本村貝塚のある麻布台地南端の斜面一帯（現在の薬園坂の西側）には、かつて「麻布御薬園」という幕府の薬草栽培所がありました。貞享元年（一六八四）に小石川御薬園（現在の小石川植物園）が新設されると御薬園は廃園となり、その跡地には広大な御花畑が広がっていました。

そして元禄十一年（一六九八）、この御花畑の敷地内に犬公方で名高い五代将軍・徳川綱吉の別荘（別名「白金御殿」「麻布御殿」）が造営されます。古川対岸の白金大地の裾野には将軍が鷹狩りを愉しむ狩場もあったそうですから、別荘を建てるには打ってつけのロケーションだったわけです。

この別荘を建てるにあたって、古川は現在の四之橋まで延長されることになり、あわせて川幅の拡幅と川底の掘り下げ工事も実施されました。この普請はもちろん御殿の利便を第一に考えたものですが、結果的には古川の水運が発達する契機にもなりました。

ちなみに、この普請の際に川ざらいや土を運ぶ人足のグループを古川の河口より一番から順に設けていき、一之橋界隈がその十番目に当たっていたことが麻布十番の「十番」の由来だとする説もあります。〔**十番由来その二**〕

享保（一七一六～一七三六）の頃には一之橋のたもとに荷揚場ができ、一之橋は古川水運の一大物流ターミナルとして機能するようになります。一之橋の荷揚場は薪河岸《まきがし》と呼ばれ、ここに集積された薪は武家屋敷や界隈の住宅などに供給されたといいます。さらに建設用の土置き場などができると、砂利や材木をあつかう商店なども建ちはじめます。その時代の名残か、私の中学生時代までは古川の川端に材木店が数軒ばかり残っていました。

こうして栄えた古川の水運は関東大震災のころまで続き、当時は壁材料や土管などを積んだ木造船を船頭が竿で操る姿が見られたそうです。私が十番小僧だった昭和四十年代の古川にはもちろん往昔を偲ぶよすがなどなく、異臭を放つ泥の川に成り下がっていました。ちょうどヘドロ汚染が社会問題になっていた時代で、盛夏の宵などに窓を開放していると、古川から立ちのぼる悪臭でおもわず晩飯の箸も止まるほど。

地元の古老の話では、戦前までの古川は水も澄み、泳いだり、魚を釣ったりしたそうですが、私たちにとっては汚くて臭い迷惑な存在でした。最近の古川はいくぶん浄化され、さすがに往時ほどの醜怪なイメージはありませんが、とても泳ぐ気にはなれません。

庶民の町の出現

享保十四年（一七二九）にそれまで芝にあった馬場が一之橋の北側に移転したことも、麻布十番とその界隈が商圏として飛躍する大きな契機になります。

この馬場は「十番馬場」と呼ばれ、毎年十一月から十二月にかけて仙台駒の市が立ち、活況を呈したといいます。宮城県は国内有数の馬産地で、良質な農馬・軍馬を多数輩出していました。

さらに一七〇〇年代の半ばになると、江戸市中に御開帳ブームがまき起こります。御開帳とはふだん参拝の許されない秘仏を仏寺が期間を定めて一般に公開するもので、七年に一度おこなわれる善光寺の御開帳でおなじみですね。なかでも江戸っ子の人気を集めたのが浅草寺の開帳で、境内は観音様の参拝に訪れた人々で大いに賑わったそうです。

現在でいえば御朱印ブームのようなもので、ひとしきり主だった秘仏を参拝してしまった江戸っ子たちは、やがて麻布エリアに押し寄せるようになります。たぶん彼らの大多数は純粋な信仰心というより、行楽半分で麻布まで足を伸ばしたのではないでしょうか。そうした物見遊山の参拝客にとって、御府内とはいいながら江戸市街から適度に隔たっていた麻布の地は、まさに恰好の行楽地だったはず。いまでいえば、東京二十三区の住民が半日から一日を費やして、高幡不動や高尾山に参拝するような感覚だったように思います。

一方、参拝客を迎えることになった麻布の寺々はというと、麻布随一の古刹である「善福寺」では、親鸞や同寺の中興の祖・了海上人の木像を開帳したほか、「大法寺」（元麻布一丁目）では大黒天、昭和三十年代まで永坂にあった光照寺では阿弥陀如来像を開帳したといいます。

御開帳はもちろん宗教的な行事ですが、境内や門前には露店や出店が並び、それなりの経済効果もあったようです。浅草寺の参道に発展した仲見世しかり、とげぬき地蔵で名高い高岩寺近くの旧中山道上に栄えた巣鴨地蔵通り商店街（通称おばあちゃんの原宿）もしかり。人が群れ集う場所にビジネスが興るのは世の常といえましょう。

かくして辺鄙な人里だった麻布十番界隈も古川水運の隆盛と御開帳ブームが追い風となり、繁華度の高い町へと成長していきます。江戸文化が花開いた一八〇〇年代の前半は化政時代（文化・文政）といわれますが、この頃にはいまの「麻布十番大通り」や「雑式通り」を中心に商店が急増。現在の十番商店街のプロトタイプがほぼ形づくられます。

現在確認できる最古の老舗は寛永十七年（一六四〇）創業の「塩田」。鰹節店だったようです。昨今では製品化された削り節を購入するのが主流になっていますが、私の小学生のころまでは各家庭でカビの吹いた鰹節を鉋《かんな》で削っていました。出汁をとるにも冷や奴の薬味にするにも、削りたてが一番。一口に鰹節といってもランクはピンキリで、料亭で使用される本枯節などの高級品はとても庶民の口には届きませんでした。もっとも私の小学生時代にはすでに「塩田」はなく、寿司屋さんになっていました。その寿司店も平成十五年（二〇〇三）に閉店してしまいました。

次に古い老舗は寛政二年（一七九〇）に信州出身の堀井清右衛門が麻布永坂町に創業した「信州更科蕎麦所　布屋太兵衛」。現在、創業地に蕎麦店はありませんが、麻布十番には「更科」を屋号に冠した蕎麦店が三軒あって、麻布十番を訪れる人々を悩ませています。どの店もそこそこ立派な店構えなので、来街者にはどこの店が〝元祖更科〟なのかわからないのです。麻布十番になぜ「更科」が鼎立しているのか？——この疑問については章を改めて詳述したいと思っています。

記録によると、右記以外にも一八〇〇年代の江戸期に創業した麻布十番の老舗は十二軒。そのうち現在も営業を続けている店舗は四軒に過ぎません。否、ここは「四軒も残っている！」と言い換えるべきでしょう。

後に触れますが、江戸から明治、昭和の戦争と戦後、そして狂乱のバブル時代を乗り越えて二十一世紀の今日にいたるまで、二百年もの風雪に耐え、家業の暖簾を守り続けるというのは並大抵の努力ではなかったはず。それだけでも驚異なのに、麻布十番商店街にはそんな老舗が四軒も現存するのですから、やはりスゴイの一言に尽きます。

幕末の表舞台に

嘉永六年（一八五三）、アメリカ東インド艦隊司令長官マシュー・ペリーが軍艦四隻を率いて浦賀に来航。翌年には日米和親条約が締結され、幕府は下田と函館を開港。二百年以上の長きにわたった日本の鎖国政策にピリオドが打たれます。さらに安政五年（一八五八）に日米修好通商条約が締結されると、日本はアメリカと通商契約を結ぶことになり、米国の外交施設を江戸に置くようになります。

これ以降、江戸にはアメリカ以外の外国領事や公使が次々とやってくるのですが、彼らが居住する公館所在地のすべてが港区内に置かれました。港区が開港地の横浜にもっとも近く、諸々の連絡に便利だったという地理的な条件がひとつ。他にも、江戸の中心部からやや離れていたこと、簡便な陸揚場を備えていたこと、外国人の滞留施設に適した寺院が多かったこと……等々の理由が挙げられますが、早い話、幕府は諸外国の公館を江戸城の至近距離に置きたくなかったのですね。

そんな慌ただしい世情のなか、翌年（安政六年）には日本初のアメリカ公使館が「麻布山善福寺」に置かれたことから、麻布十番はゆくりなくも幕末史の表舞台に躍り出ることになったのです。

当時の善福寺には初代アメリカ公使のタウンゼント・ハリスや通訳のヒュースケンをはじめ、二十人ほどのアメリカ人が滞留していたようですが、生まれて初めて見る西洋人の人相風体に麻布十番の人々は度肝を抜かれたことでしょう。当時の江戸庶民が見たハリスとヒュースケンの絵が残っていますが、ヒュースケンはまだしも、ハリスは容貌もいでたちもかなり異形。現代人のわれわれから見ると、とてもアメリカ公使の姿には見えないのですが、江戸庶民の眼にはこんなふうに映っていた、という意味ではたいへん興味深い資料といえます。

ハリス（左）とヒュースケン（右）
（国立国会図書館蔵
『江戸の外国公使館』港区立港郷土資料館、2005 年より）

ところで、ここでひとつの疑問が湧いてきます。果たして、当時の麻布十番の住人たちは「開国」という国家の一大転機をどの程度まで認識していたのでしょうか？

結論から申し上げると、細々した事情はともかくとして、開国によって日本が海外に門戸を開き、国際化に向かって歩み出そうとしていた当時の空気を逸早く察知した江戸庶民は麻布十番の人々だった、と私は想像しています。

ペリーの来航は日本中を揺るがす衝撃的な出来事だったに違いありませんが、わけても海防拠点だった江戸湾にもっとも近い麻布十番の人々にとって、黒船の出没は自分たちの生活圏を脅かす大事件だったはず。これって、弾道ミサイルがいきなり自分たちの頭上を掠めたようなものですから、否が応でも事の推移に関心を寄せざるを得ませんよね。しかも、あろうことか未だ見ぬアメリカ公使ご一行様が自分たちの地元の寺に蟠踞《ばんきょ》することになったわけですから、一致団結した住民たちが抗議運動でも起こしそうなものです。

ところが麻布十番の住人は懐が深いというか、順応性が高いというべきか、これといった摩擦もなくアメリカ人を受け入れたようなのです。もっともこれは麻布十番に限ったことではなく、当時の江戸庶民は総じて外国人に対して好意的な態度で接したようで、麻布に近い芝の絵草紙屋が発売した異国人や洋式艦の絵は飛ぶように売れたといいます。その模様を描いたスケッチが残っていますが、まるでハリウッド俳優のブロマイドに群がるファンの図。怖くて野蛮という先入観をもって外国人に接したところが、意外にもみんな紳士的で好人物だった、というのが江戸庶民の実感だったのではないでしょうか。

こうした感情を抱くのも自然なことで、女性同伴で町中を闊歩する外国人たちに多大なカルチャーショックを受けた当時の江戸庶民たちは、彼らの立ち居振る舞いのなかに、自分たちの生活習慣とは無縁な自由で開放的な気風を感得し、ある種の憧憬をもって外国人を注視していたのでは、と私は思うのです。

また、麻布十番の商人たちからすれば、お得意さんが増えるわけですから、外国人を拒む理由はなかったのではないか。現在も善福寺の隣で営業している理容店は創業が文政元年（一八一八）という老舗ですが、このお店の先祖はハリスの散髪を担当していたことで知られています。

その一方で、外国人の江戸入府をこころよく思わない輩もいました。そのほとんどは日本の開国に反対する、攘夷派といわれる武士たちです。彼らはテロリズムをもって開国反対を訴え、麻布十番や周辺の寺院に滞留する外国人たちの心胆を寒からしめました。その結果、風雲急を告げる幕末の世相のなかで麻布十番界隈でも血なまぐさい事件が相次ぐことになるのですが、この話題にはあらためて触れたいと思います。

というわけで、麻布十番とその周辺は外国人の多い街としてあまねく知られていますが、その起源をたどっていくと幕末に突き当たるのです。

いまも十番商店街を歩いていると、しばしば外国人の常連客と老舗の主人が店先で世間話に興じていたりします。そんな光景に出くわすたびに、

「麻布十番の人って、本当のコスモポリタンなんだなぁ……」

と、私は心底そう思うのです。しかも、外国人とは幕末以来のお付き合いなのですから、〝筋金入りのコスモポリタン〟ということになります。

労働者の腹を満たした商店街

明治維新を迎えると、麻布十番界隈の武家屋敷の跡地の大半は開墾されて桑畑などの農地になるか、空き地になりました。麻布十番にはこれといった産業はなく、武家中心の町だったので、武家人口の減少によって十番に栄えた商業は衰退し、商店街もいっときの賑わいを失ったようです。

明治14年頃の赤羽製作所

明治六年（一八七三）、麻布十番からほど近い芝赤羽の旧久留米藩有馬家の上屋敷跡――現在の国際医療福祉大学三田病院、済生会中央病院、三田国際ビル、都立三田高校、港区立赤羽小学校、などを含む二万五千坪に及ぶ広大な場所に、工部省の赤羽製作所（官営の機械製作工場。後の海軍造兵廠）が開設されます。ここでは外国人技師の指導のもと、農具、機械、鉱山・鉄道用品、蒸気機関や紡績機などが試作されました。ちなみに、いま江東区富岡の八幡堀遊歩道にかかる「八幡橋」は、赤羽製作所で造られた国産第一号の鉄橋なのだそうです。

さらに明治八年（一八七五）には、赤羽製作所の西側に三田製紙所が開業。その後も明治十二年に東京機械の前身である三田製作所（芝五丁目）、明治二十年に東京製綱株式会社（南麻布三丁目）、明治三十二年に日本電気（芝五丁目）といった現在もその名を知られる大企業の近代的な工場が続々と設立されます。また、日露戦争後には古川沿いにも工場が林立し、十番商店街は工場労働者の日用品や食料品の供給基地として、ふたたび活況を呈するようになります。

明治十一年（一八七八）、郡区町村編成法により東京府に十五区六郡が成立。現在の港区の前身である芝区、麻布区、赤坂区が誕生します。麻布区エリアは現在の東麻布、麻布台、麻布狸穴町、麻布永坂町、麻布十番、南麻布、元麻布、西麻布、六本木。当時はまだ麻布十番という正式な地名はなく、麻布宮下町、麻布網代町、麻布坂下町、麻布山元町などに細分化されていました。

意外に思われるかもしれませんが、麻布十番という地名が正式に採用されたのは昭和三十七年（一九六二）のことで、このときにはじめて麻布十番一丁目〜三丁目が成立します。つまり、それ以前の麻布十番という呼称は江戸期以来の里俗名（俗称）であって、正式な地名ではありませんでした。私が十番小僧だった昭和四十年代にはすでに麻布十番という住所が存在していましたが、各町会は麻布十番網代会、麻布宮下町会、山元町会といった旧町名で運営されており、祭シーズンには各町会の神輿が競うように町内を練り歩いたものです。そうした光景に接するたびに、なぜ旧町名を残さなかったのか、私は不思議でなりませんでした。「麻布十番一丁目」より「麻布宮下町」のほうが断然オーセンティックでイケてると思うのですが。

話を明治期の麻布十番に戻します。明治四十一年（一九〇八）になると青山から天現寺まで開通していた電車（路面電車。後の都電）が一之橋まで伸び、交通の便が格段によくなります。さらに路線が一之橋の先の金杉橋まで伸びると、ここで品川と浅草方面の電車に乗り換えることができるようになり、電車を使って麻布十番まで買いものにやってくる来街者が急増。大正のはじめには花街も誕生します。

花街の誕生

麻布十番に花街があった、と知り合いの若いTVプロデューサーにいったら、とたんに「まさか！」という顔をされてしまいました。

花街《かがい》とは「遊女屋・芸者屋などの集まっている地域」（大辞泉第二版）のことで、「はなまち」「いろまち」ともいわれます。繁華街の一角に花街が形成されるのは自然の流れで、花街に遊客が押し寄せることによって街の繁華化がさらに促進されるという好循環（？）が生まれます。

麻布十番とよく比較される神楽坂も明治の後半に花街が発展し、昭和のはじめに新興歓楽街の新宿に賑わいを奪われるまでは、山の手エリア屈指の盛り場でした。もっとも神楽坂の場合、数は少なくなったとはいえ現在も芸者や料亭は健在で、黒塀や石畳が続く路地奥の空間には、かつての艶やかな世界の残り香が充溢しています。その点、現在の麻布十番には過去の色街を偲ばせるような痕跡は皆無といってよく、「まさか！」というプロデューサー氏のリアクションももっともな話ではあります。

地下鉄「麻布十番駅」の七番出口から地上に出ると「麻布十番稲荷」の鳥居がすぐ眼に入りますが、その鳥居にも名を刻まれている喜劇役者のエノケンこと榎本健一の著書『喜劇こそ我が命』に、明治末の麻布十番の様子が描写されています。同書によると、「当時の麻布十番は芝居小屋はあるし、夜店も毎晩でるなど東京でも屈指の盛り場だった」といいます。

麻布十番に花街を設立しようという動きが盛んになったのはちょうどその頃で、当初は善福寺の東側地区と「賢崇寺」（元麻布一－二。後述）北東側の一部を三業地として申請。三業地とは、料理屋・待合・芸妓置屋の三業が集中する地域の俗称で、三業を営むには警察の許可が必要でした。大正二年（一九一三）十月になると、善福寺東側の旧網代町の一部、旧山元町の五十五番地から五十九番地までが三業地として許可されます。この場所は、江戸時代には保科肥後守の下屋敷で、明治になってからは東武鉄道創設者の根津嘉一郎が別邸として使用。その後、住宅地として一般に払い下げられた約五千坪の土地でした。現在の麻布十番二丁目と三丁目の一部で、網代公園の南側エリアにあたります。

こうして同年十一月、待合茶屋二軒、芸妓屋七軒、芸者十四名という小規模で営業を開始した麻布十番三業地は、関東大震災後に目を瞠るような伸長を遂げます。山の手にあって火災を免れ、家屋倒壊などの被害も少なかった麻布十番に、下町方面からの罹災者が流入。被災した芸妓置屋や待合の経営者なども麻布十番で新たに開業することになり、その結果、芸妓四百名、待合六十軒余、芸妓置屋五十軒という一大花街が麻布十番に出現。

また、花街の隆盛と歩調を合わせるように、大正期から昭和にかけて芝居小屋や寄席、映画館なども相次いで開場し、麻布十番は山の手の新興歓楽街としての地歩を確たるものにしていきます。

水害と震災特需

半七捕物帳シリーズの著者として知られる作家・劇作家の岡本綺堂も震災で麴町の自宅を焼け出され、大正十二年（一九二三）十月十二日から翌年の三月十九日まで、麻布宮村町の日蓮宗の寺の門前（現・元麻布三丁目の安全寺のあたり）に仮寓。震災当時の麻布十番の様子を綺堂は『十番雑記』にこう記しています。

「十番の大通りはひどく路の悪い所である。震災以後、路普請なども何分手廻り兼ねるのであろうか、雨が降ったが最後、そこらは見渡す限り一面の泥濘で、ほとんど足の踏みどころもないと云ってよい。その泥濘のなかにも露店が出る、買物の人も出る。売る人も、買う人も、足もとの悪いなどには頓着していられないのであろうが、私のような気の弱い者はその泥濘におびやかされて、途中から空しく引っ返して来ることがしばしばある」

また、別の日の記述にはこうあります。

「灯ともし頃にようやく書き終った原稿をポストに入れながら、夜の七時半頃に十番の通りへ出てゆくと、きのう一日降り暮らした後であるから、予想以上に路が悪い。師走もだんだんに数え日に迫ったので、混雑もまた予想以上である。そのあいだをどうにか斯うにか潜りぬけて、夜店の切花屋で梅と寒菊とを買うには買ったが、それを無事に保護して帰るのがすこぶる困難であった」

震災直後の混乱がリアルに活写されており、さながら師走のアメ横のように買いもの客でごった返す麻布十番大通りの騒乱ぶりが手に取るようにわかります。今日では年に一度の「納涼まつり」を除いて、十番商店街がここまで人出で膨れ上がることはありません。

また文中にあるように、低地にある十番商店街は雨に弱く、台風や大雨による水害にたびたび見舞われてきました。台地上に降り注いだ雨水は、かつて十番大通りに沿って流れていた幅二メートルの側溝に集められ、古川に注がれる仕組みになっていたようですが、いまでいうゲリラ豪雨がひとたび降ればすぐに排水能力を超えてしまい、とたんに商店街は水浸しになってしまったそうです。

最近も地形に起因する水害トラブルは起きており、平成十六年（二〇〇四）十月には戦後最大級といわれた台風二十二号のもたらした大雨で、麻布十番駅の地下ホームが冠水。水に弱いという麻布十番の〝アキレス腱〟が露呈されました。

そこで東京都建設局は十年前、ゲリラ豪雨などによる洪水対策として、古川の地下三十〜四十メートルにトンネル式の地下調節池を建設する事業に着手。十年の工期を経て平成三十年（二〇一八）三月、恵比寿橋から一之橋の区間に調節池トンネルが完成しました。これで水に弱い麻布十番のイメージも払拭されるかもしれません。

ほかに大正期の麻布十番では芝居小屋と寄席が隆盛をきわめました。

大正八年（一九一九）に開場した芝居小屋「末広座」は、収容人数一〇二四人を誇る大型劇場で、震災の翌年に明治座がこの劇場を借りて二代目市川左團次の一座が興行を打った際には、切符を買い求める人が一之橋の電停まで列をつくったといいます。末広座は現在のダイエー麻布十番店（麻布十番二―五）の場所にあり、劇場前から十番商店街を抜けて、一之橋まで延々と三〇〇メートル以上も列をなしたのですから、さぞ商店街のみなさんも仰天したことでしょう。

一方、寄席の定席には「十番倶楽部」「福槌亭」「二の亭」（講談）などがあり、震災後の笑いに飢えた人々が詰めかけ大繁盛だったようで、麻布十番が関東大震災という未曾有の天災を契機に一層の発展を遂げたことは間違いないようです。

戦前の歓楽街の構成要素は、商店街や飲食店、花街・映画・寄席などの娯楽施設ですが、いずれにしても震災前後の麻布十番は、これらの要素がすべて完備された、正真正銘の歓楽街だったということになります。

麻布十番と露店

関東大震災と震災後の復興景気が追い風となって、人形町・神楽坂と並び称される繁華街に成長した麻布十番。

商店街の賑わいは昭和に入ってからも衰えを知らぬかのようで、百貨店の先駆けである「白木屋」や洋菓子の老舗「コロンバン」なども支店を構え、十番商店街の盛名は高まるばかりでした。とはいっても街のランク（地格）からいえば、まだまだ麻布十番は〝場末〟のイメージから脱していなかったようです。

家業の関係で小学三年から大学一年までの期間を南麻布で過ごした作家の山口瞳（わが母校「東

町小学校」の先輩でもあります）の証言によると、昭和はじめ頃の麻布十番のイメージは「衣類や食器類などの日用品、雑貨、あるいは魚や野菜などが安く買える町」であり、雰囲気は「荒川商店街、赤羽商店街に似ていると言ったほうがピッタリする」そうです。さらに街の格付けについては、「銀座を一流とすれば新宿は二流半だった。麻布や渋谷は、さあどう言ったらいいか、四流から五流であろうか。花柳界で言ったほうがわかりやすい。築地、新橋、赤坂を一流とすれば、柳橋、芳町、神楽坂は二流であり、白山、大塚、麻布十番などは三流だった」と、なかなか手厳しい。

また、昭和はじめ頃の麻布十番の名物といえば「露店」で、麻布十番の生き字引といわれた博覧強記の稲垣利吉氏の著書『十番わがふるさと』によると、

「当時の十番は今の一丁目から三丁目にかけて二百余軒の店舗が並び、夜ともなると露店が五十軒位出店した。露店といっても毎晩同じ人が同じ場所に店を出す人が多く、今の追分食堂（麻布十番二－五あたり）前や吉野湯（麻布十番一－十一あたり）の横町などには風呂帰りの人を相手の飲食店の屋台が並んだ」ということです。

露店については、幼少期からの二十年間を麻布竹谷町（現・南麻布二丁目）で暮らした作家の高見順（わが母校「東町小学校」の先輩でもあります。後述）も、短編小説『山の手の子』に、「夜店も私には楽しいものだった。アセチレンのにおいがなつかしく思い出される。縁日の夜店へは、私は子供の頃、母に連れられてよく行った。（中略）麻布十番通りの夜店――そこへ行くのに母は、おまいりに行きましょうと言うのが常だったが、ほんとは気晴らしに出かけたのにちがいな

い。安い、小さな鉢植えの植物を買うのが、母の、そして私の楽しみだった」と記しています。

毎月「九」のつく日（九日、十九日、二十九日）が十番稲荷神社の縁日で、私が小学生のころ（昭和四十年代）までは、商店街の両側に夜店がたくさん並びました。なかにはコワモテの〝これぞテキヤさん〟という筋金入りの露天商もおり、まがいものの玩具などを掴まされては泣いたものですが、この得体の知れない露天商の発する何ともいえない〝いかがわしさ〟も、縁日に並ぶ夜店の堪らない魅力のひとつでした。

思い出の多い縁日の夜店もいつの間にか廃れてしまい、現在では年に一度の納涼まつりで往事の雰囲気を懐かしむのみです。

セレブ街の起源

我が世の春を謳歌していた大正から昭和初期の麻布十番ですが、ここで台地（坂上）の動向についても触れておきましょう。

東京府の政策により、維新後の十番界隈に残された武家屋敷跡の大半が桑畑などの農地として開墾されたことは先に述べました。明治六年（一八七三）の資料を見ると、麻布・六本木エリアの開墾地は約十二万坪に及んでおり、およそ東京ドーム九個分の桑茶畑や農地が麻布界隈に分布していたことになります。

しかし、この政策がことごとく失敗に終わるのです。敗因としては、桑茶の七〜八割が枯死してしまったこと、明治新政府が首都東京の近代化を企てていたことです。いってみれば、坂の上の雲を睨みつつ、今まさに日本国が国際社会にデビューしようというご時世に、いくらなんでもキャピタルシティたる東京に桑茶畑があっては具合が悪いんじゃない?……ということだったのではないでしょうか。

麻布の台地部では、明治二十年代の後半あたりから武家地の区画整理が急速に進みます。ちなみに明治二十九年の「東京市麻布区全図」(東京郵便電信局)を子細に眺めると、西町(現在の元麻布二丁目。インターナショナルスクールがあるエリア)あたりは、宅地としてかなり細かく区画されているのがわかります。

このエリアを中心に、政治家や実業家の広壮な邸宅が次々と建ち並ぶようになり、明治の後期には皇族や華族、政府の高級官吏などが住む一大邸宅街へと発展します。いまも麻布の台地部である元麻布二丁目、南麻布四~五丁目は都内屈指の高級住宅街ですが、このエリアに漂う純度の高いセレブ感と、なんともいえない落ち着き払った風情は、明治以来この土地に刻まれてきた輝かしい歴史に裏打ちされていたわけです。

古川沿いの低地(下町)に開けた繁華な商店街と、台地上(山の手)から商店街を睥睨《へいげい》するセレブ街——麻布十番のきわめて特徴的なこのコントラストは、明治期から大正期を通じて完成され、そのまま昭和という激動の時代へと突き進みます。

しかし、昭和に入って十年もすると、坂上のセレブたちも坂下の十番商店街も、さすがに我が世の春を謳歌していられなくなります。日中戦争に突入した昭和十二年（一九三七）以降、十番商店街にも戦争の影がひたひたと忍び寄るのです。とくに昭和十六年に太平洋戦争がはじまると、商店街から灯が消え、来街者の数も激減。往時の栄華はすっかり失われてしまいます。

前出の稲垣利吉さんの証言です。

「商品のある間はまだよい。それが代用品となり、それも流通経路から姿を消すと、すべて配給制度となり、商店主は徴用に、店員も応召のため店から姿を消し、残るのは老人、主婦、子供だけとなった。（中略）商店にとり大切な看板も、材料が金属、たとえばトタンであれば金属回収のため強制的に供出させられ、（商店街には）木製の枠のみが残るという風景もみられた」（『十番わがふるさと』）

なんと寒々しい光景でしょうか。むろん戦時下の商店街の状況はどこも似たり寄ったりだったのでしょうが、それまでの十番商店街の繁栄ぶりが半端じゃなかっただけに、寂寞の想いもひとしおだったに違いありません。

そもそもが麻布十番の花街の得意客は軍人たちで、彼らの支えによって十番の花街、ひいては十番商店街は驚異的な伸長を遂げたともいえるのです。稲垣さんも述懐していますが、「軍国時代のおかげで栄えた十番もその軍国時代のために衰えることとなった」のは、なんとも皮肉なことです。

麻布十番の壊滅

東京がはじめて米軍の空襲を受けたのは昭和十七年（一九四二）四月十八日のことでした。十六機のB－25爆撃機が品川区や荒川区の上空に飛来し、約五百発の爆弾と焼夷弾を投下。およそ二百五十人の死傷者を出しました。

旧麻布区が最初に空襲被害にあったのは昭和十九年十二月二十七日。宮村町（現在の元麻布一丁目～三丁目、麻布十番二丁目と六本木六丁目の一部）と旧芝区新堀町が被弾。負傷者は五名でした。

昭和二十年（一九四五）三月十日、東京は下町エリアを中心にこれまでにない大きな空襲に見舞われます。現在の江東区、墨田区、台東区を中心に、九万人を越える死者を出した東京大空襲です。負傷者は十万人以上ともいわれ、行方不明者の数はいまだに判明していません。

一般に東京大空襲は下町だけを狙ったものと思われがちですが、山の手の旧麻布区も被災しており、飯倉町、我善坊町（麻布台一丁目）、市兵衛町（六本木一丁目、三丁目、四丁目、虎ノ門四丁目）など七町が被災。四十人が死亡、およそ千二百の建物が焼失しました。

この日の空襲で市兵衛町の自邸（偏奇館）を失った作家の永井荷風は、その悲惨な状況を日記（断腸亭日乗）に詳しく綴っています。

「三月九日、天気快晴、夜半空襲あり、翌暁四時わが偏奇館焼亡す、火は初長垂坂《なだれざか》中程より起り西北の風にあふられ忽市兵衛町二丁目表通りに延焼す、余は枕元の窓火光を受けてあかるくなり鄰人の叫ぶ声のたゞならぬに驚き日誌及草稿を入れたる手革包を提げて庭に出でたり、谷町辺にも火の手の上るを見る、又遠く北方の空にも火光の反映するあり」

文中の「長垂坂」は、善学寺（六本木三-四-十二）と六本木グランドタワーの間を六本木通りに抜ける長い坂のこと。庭に飛び出した荷風は烈風に舞う火の粉が目のまえに落ちてくるのを見て、とうてい被災は免れないと覚悟し、いったんはスペイン大使館横の空き地に避難。しかし、二十六年も住み慣れた偏奇館の最期を見届けようと自邸へ引き返すのですが、火勢が強くて近づくことができません。

「余は五六歩横丁に進入りしが洋人の家の樫の木と余が庭の椎の大木炎として燃上り黒烟風に渦巻き吹つけ来るに辟易し、近づきて家屋の焼け倒るゝを見定ること能わず、唯火焔の更に一段烈しく空に上るを見たるのみ、是偏奇館楼上少からぬ蔵書の一時に燃えるがためと知られたり」

おそろしく冷静な文章でありながら、今まさに灰燼に帰そうとしている万巻の蔵書をまえに、なす術もなく茫然と立ちすくむ荷風の嘆きと無力感がひしひしと伝わってきます。

東京大空襲では甚大な被害を免れた麻布十番も、四月十五日〜十六日の「城南京浜大空襲」で壊滅的な状態に陥ります。被災地は新網町（東麻布三丁目と麻布十番一丁目の一部）、坂下町（麻布十番二〜三丁目の一部）、網代町（麻布十番二〜三丁目の一部）、宮下町（麻布十番一〜三丁目の一部）で、旧麻布区内で四十名が死亡、千四百の家屋が焼失。麻布十番もほぼ全域が焼き尽くされました。

続く五月二十三日の空襲では新堀町（南麻布二丁目の一部）、北日ヶ窪町（六本木五〜六丁目）が被災。

翌二十四日と二十五日の山の手地区を標的とした「東京山の手大空襲」では、辛うじて残っていた台地上の屋敷街や善福寺も焼失、麻布十番とその周辺は文字どおり、見渡す限りの焦土と化したのです。

今日の麻布十番に戦災の傷跡を見つけることは困難ですが、空襲のすさまじさを伝える貴重な証

善福寺に残る「逆さイチョウ」

焼野原の麻布十番
（遠藤幸雄『麻布十番を湧かせた映画たち』より）

拠物件が善福寺に残っています。本堂に向かって左側の墓域に立つ銀杏の木、樹齢八百年といわれる通称「逆さイチョウ」（国指定天然記念物）です。

この巨木は焼夷弾の猛火で焼かれたにもかかわらず奇跡的に焼失を免れ、いまなお枯死することなく葉を茂らせています。まさに驚くべき生命力を宿した霊木ですが、よく観察すると根に近い幹の部分が焼け焦げているのを確認することができます。

他に被災の惨状を伝えるものとしては、四月十五日～十六日の空襲直後に撮影された写真が残っています。一面の焼け野原で、まさに無残の一語に尽きます。この荒廖たる映像に現在の麻布十番を重ねることは不可能ですが、話に聞く城南京浜大空襲の惨憺たるありさまが、強烈なインパクトをもって私たちに迫ってきます。

江戸期から孜々営々と発展を重ねてきた麻布十番は、こうして跡形もなく消えてなくなりました。

あの日から七十年あまり――、幾多の危機的状況を乗り越えて、いまや「おしゃれな街」「西洋文化と下町情緒が同居するハイブリッド・タウン」として、情報番組やタウン誌にとりあげられるようになった麻布十番商店街。

しかし、その再生のプロセスには、私たちの想像をはるかに超えた苦難のドラマがありました。その軌跡はまた、焼け野原から不死鳥のように蘇った商店街の奇跡の物語でもあります。

第二章

十番商店街の奇跡［一］「復興篇」

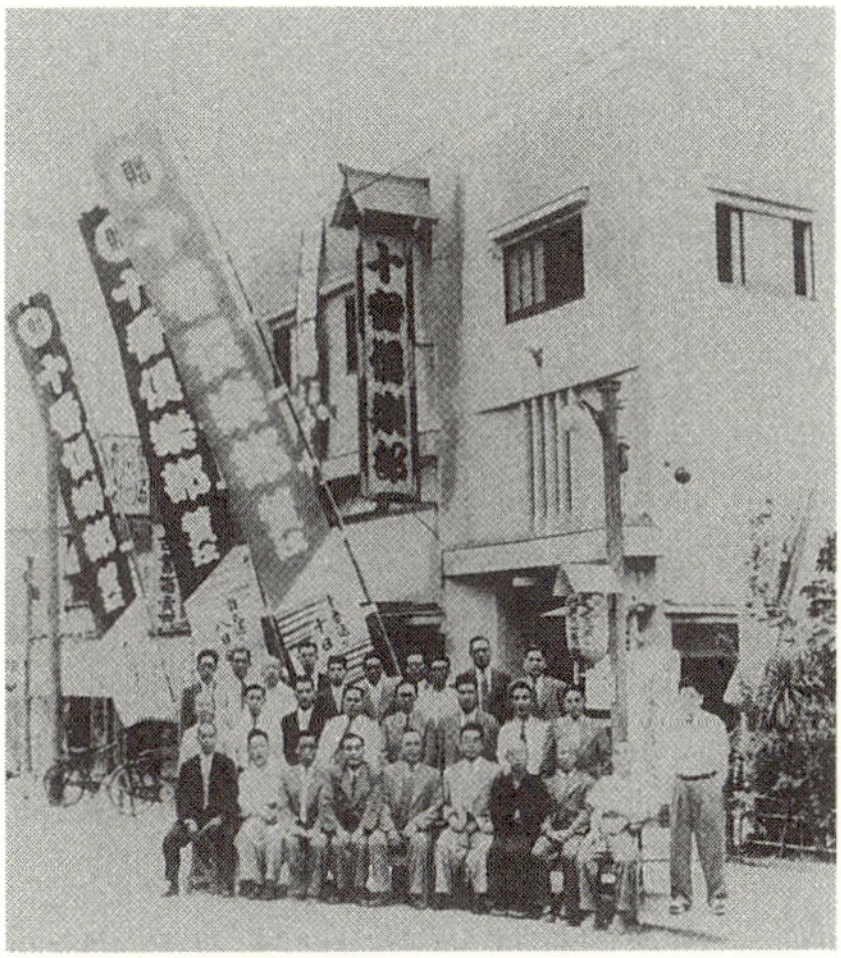

昭和 27 年の十番クラブ
(『増補　写された港区　三(麻布地区編)』
港区教育委員会、2007 年より)

イメージの虚実

読者のみなさんは、麻布十番にどんなイメージをお持ちでしょうか?

試みに十番商店街を歩いていた地元住民以外の来街者に訊ねてみたところ、「古くして懐かしい下町情緒と山の手の異国情緒が共存している街」という回答が上位を占めます。

ついでに机辺にある数冊のタウンガイドを開いてみると、すぐにこんな文言が目に飛び込んできました。

◇「洗練された街並みと下町の雰囲気が融合。大使館も多く集まる国際色豊かな街」

(『超詳細!東京さんぽ地図』昭文社)

◇「成熟した大人が行きつく街!」

(『東京カレンダー　2014年10月号』東京カレンダー株式会社)

◇「どこか懐かしい雰囲気を感じさせる〝都心の下町〟」

(『詳細地図で歩きたい町　東京2019』JTBパブリッシング)

それぞれが麻布十番の特徴を言い得ているようにも見えますが、ことさらに〝洗練された街並み〟とか〝成熟した大人〟などの麗句を並べられると、正直、十番小僧だった私には何かしっくりこないものがあります。が、ともかくも麻布十番の人気の秘密を解くキーワードがどうやら「下町」「国際色」「大人の街」といったあたりにあるのは間違いないようです。

「国際色」が豊かというのは、各国大使館の数に起因しています。現在、日本には百八十ヵ国を越える外国公館がありますが、そのおよそ半数が港区にあります。そのうち旧麻布区のエリアには、港区にある外国公館の六割近くが集中しており、さらに麻布十番に隣接する南麻布（十ヵ国）と元麻布（十一ヵ国）には、フランス、ドイツ、オーストリア、中国、韓国など、合わせて二十一ヵ国もの大使館が集まっていることから、「麻布十番は大使館の街」と形容されるようになりました。しかし実際のところ、麻布十番という町名に大使館は存在しません。

「大人の街」というイメージは、メインストリートの麻布十番大通りとその縁辺にこぢんまりした隠れ家的な飲食店が散在していることに起因しているようです。後に詳しく述べますが、八〇年代のバブル期を境に、十番商店街はがらりと様変わりしました。十番大通りの建物は軒並みビルディング化し、テナント化されたスペースには続々と新しい飲食店がオープンして、その何軒かは〝麻布十番の新しい顔〟として、多くの〝大人の来街者〟を取り込むことに成功しています。

バブル期以降に様変わりしたのは十番大通りだけではありません。仙台坂下から十番大通りを突っ切って十番稲荷の前へと至る雑式通りや、雑式通りの東側に並行している網代通りの変貌も著しく、通りの両側はほとんど商業ビルやマンションで埋め尽くされてしまった感があります。この両通りの道沿いには鉄板焼きやエスニック料理、お好み焼きなどの下町風グルメの店などが集まっています。

さらに、雑式通りと麻布通り（都道四一五号）に挟まれた、幾筋もの小路が入り組んだエリアにもまた、いかにも〝成熟した大人〟とか、道ならぬ関係のカップルが好みそうな個室も完備された小洒落た和風レストランや、隠れ家風の居酒屋などが点在しています。

なかでも、網代公園の南側の区画（麻布十番三－四）は前章で触れた「三業地」のあった場所で、それを意識したのかどうか、料亭の黒塀を模したような懐石料理店の外観が、かつて栄えた花街の風情をほんの少しだけ偲ばせます。

十番大通りが麻布十番の昼の街ならば、雑式通りと網代通りを中心にしたエリアはさしずめ夜の街という趣で、灯ともし頃にはメインストリートを凌ぐ賑わいをみせます。「成熟した大人が行きつく街」のイメージは、たぶんこのエリアが醸し出す雰囲気を指しているものと思われますが、最近では十代や二十代のＯＬさんも闊歩しているので、〝成熟した大人〟云々はちょいと言い過ぎのような気もしますけれど。

なお、本書はタウン誌ではないので、具体的な店舗情報は控えますけれども、雑式通りと網代通りの中間にある定食屋の「ふじや食堂」（昭和三年［一九二八］創業。平成元年［一九八九］から現在地で営業）は、長年、地元の人々に愛されてきた店だけあって気取りがなく、リーズナブルな予算で空腹を満たしてくれます。よそ行きではなく、普段着の麻布十番グルメを体験したい向きにお薦めします。

麻布十番大通りと環状三号線に挟まれたエリアにも、〝成熟した大人〟やマスコミ関係者に好まれる隠れ家風の居酒屋やハイセンスなレストランが集まっています。このあたりもバブル期以降に急速に開発が進んだ区域ですが、いまだに新陳代謝が激しく目が離せません。麻布十番の流行発信基地的なエリアでもあり、新しもの好きの方にはもってこいです。いまも新規参入のお店が続々とオープンしており、定期的に訪れるたびに何らかの新しい発見があります。雑式通りや網代通りの周辺がそろそろ飽和状態なので、これから〝マイ隠れ家〟を探そうと思っている向きにはこのエリアがお薦めです。

麻布十番は「下町」か？

麻布十番商店街といえばもうひとつ、「西洋文化と下町情緒が同居するハイブリッド・タウン」というイメージが広く定着しているようです。

繰り返しになりますが、麻布十番という街の最大の特徴は大使館や高級マンションが蝟集する台地部と、江戸期創業の老舗が残存する十番商店街を擁する低地部が描き出す特異なコントラストの妙味にあります。

その意味では、「ハイブリッド・タウン」というキャッチフレーズはまことに正鵠を射た表現といえるのですが、ヘソ曲がりな私はいつも「下町」という二文字になんともいえない違和感を抱いてきました。

麻布十番の紹介文を読んでいると、よく「山の手」と「下町」という表現にお目にかかるのですが、これは台地部と低地部を説明する際、便宜的に「台地＝山の手」「低地＝下町」という表現を使っているのであって、麻布十番というエリアには地形的な意味での「山の手」と「下町」がありますよ、という文意に他なりません。にもかかわらず、港区のほぼ中心部に位置する麻布十番商店街を「下町の商店街」と思い込んでいる人々が存外多いことに私は常々驚いています。

ネット上の『ブリタニカ国際大百科事典』は下町について、「都市の商工業地域のうち、おもに低地に発達した地域。職住近接形態が多く、人口密度も高い。東京の場合は、赤羽から品川を結ぶ京浜東北線を境として、その東方に広がる低地（隅田川・神田川流域など）のことで、山の手の住宅街に対していう」と説明しています。

さらに『日本国語大辞典第二版』（小学館）によると、江戸時代には「武家屋敷や寺社の多かった山の手に対して、芝、日本橋界隈から京橋、神田、下谷、浅草、本所、深川方面の町屋の多い地区」が下町と呼ばれていたことがわかります。

これらを参照する限り、麻布十番は下町の定義から完全に外れています。麻布は京浜東北線の線路の西方に位置しており、隅田川や神田川の流域にある土地柄でもありません。つまり、麻布十番は「下町」どころか、その対立概念である「山の手」に属しているわけです。

というわけで、麻布十番も十番商店街も〝東京の下町〟ではありません。こんなこと、東京の読者なら先刻ご承知のことと思いますが、タウン誌などでは相変わらず「下町風の情緒にあふれる十番商店街」というキャッチがよく使われています。実は、この「下町風」という曖昧な表現こそがクセ者なのです。とくに「風」という文字が。よくあるでしょ、ジェノバ風とか広島風とか、あれのことです。

そこで「下町風」です。

さっそく『大辞泉第二版』（小学館）を引いてみると、「下町らしい特徴。特に東京の下町の、江戸時代から残っている人情味のあるさっぱりとした気風や風俗をいう」とあり、前掲の日本国語大辞典によれば「下町にみられる風俗や趣味。特に、江戸時代から残る『いき』『いなせ』などといった町人層の風習をさす」のだそうです。以上の諸要素をまとめると、下町風とは江戸時代の町人層に特有の「人情味」「いき」「いなせ」や、「さっぱり」とした気風、風俗ということになります。

さて、麻布十番商店街ですが、現在の十番商店街に江戸時代の「人情味」「いき」「いなせ」「さっぱり」などの諸要素が残っているかと問われれば、答えはＮＯです。

十番商店街に下町風の情緒を重ねてしまうのは、江戸期や明治期に創業した老舗の数が、都内の他の商店街よりも多いからだと思われます。しかしながら、老舗＝下町風という図式はある種の〝幻想〟であり、老舗が多いからといって、その商店街が必ずしも下町風であるとは限らないのです。

実際に歩いてみれば一目瞭然ですが、十番商店街は「下町風」ではありません。それどころか、どちらかといえば横浜の元町商店街のようなオシャレな商店街という印象で、「永坂更科」（蕎麦）、「豆源」（豆菓子）、「浪花家總本店」（鯛焼）といった老舗でさえ、いまや鉄筋コンクリート造りのビルに建て替えられて、下町風情を偲ぶよすがなどありません。

なんだか身も蓋もないような話になってきましたが、ここで一言しておきたかったのは、下町風の情緒を期待して現在の十番商店街を訪れると肩すかしを食らいますよ、ということなのです。あまりにも期待値が高いと、わざわざ地下鉄に乗って麻布十番まで来たのに「なんやねん、ここは？ようある普通の商店街やんか！」となり、しまいには落胆のあまり「麻布で気がしれへん！」なんぞという暴言のひとつも吐きたくなってしまう可能性が大です。十番商店街に下町風の情緒が残っていたのは、バブル期以前の昭和五十年代中頃までです。

かといって、いまの十番商店街に最先端の流行を発信するブランドショップが集まっているわけでもなし、老舗が数店あるといっても、この店でなければ食べられない稀少価値の高い絶対的な名物があるわけでもない。いってみれば〝ないない尽くし〟の商店街に、なぜ人々は群がるのか？

実は、これこそが麻布十番商店街最大の謎なのです。

その謎を解く手がかりを探すべく、時代はふたたび今から七十数年前の、一面が焼け野原となった十番商店街へとワープします。

焼跡の七人衆

空襲で麻布十番一帯が壊滅状態に陥ったことは前章で述べました。その凄惨さはとても言葉で語れるものではありません。焼け跡の写真を見ていると、繁栄や日々の営み、尊い人命をも情け容赦なく踏みにじってしまう戦争の残虐性と愚かさをあらためて痛感せずにはいられません。

終戦の数カ月後、まだ焦げ臭さの漂う十番商店街の焼けトタンの中から立ち上がった、七人の男たちがいました。「ヤマナカヤ果物店」の木村政吉、「白水堂カステラ」の松浦徳市、洋裁店の熊井紋次郎、洗濯店の千野芳次郎、「山水舎ラムネ」の斉藤一太郎、元商店主の井上富士雄、「稲垣油店」の稲垣利吉、以上の七人衆です。

焼け残った山水舎のラムネ工場に集まった七人の男たちは、さっそく麻布十番と商店街の復興に乗り出します。

復興にはまず麻布十番に人を集めることが急務であり、そのための方途として、千野芳次郎がバラックのマーケット建設を提案。また、復興計画の推進母体として、「復興会」（後の麻布十番地域復興会商業協同組合）が結成され、理事長には木村政吉が就任。この組織は後に述べる現在の「麻布十番商店街振興組合」の前身となるものです。

復興プロジェクトを進めるに際して、七人衆はこの機会を十番商店街を飛躍させる大きなチャンスと捉えていました。これまで述べてきたように、戦前の十番商店街は神楽坂や人形町と並び称される都内有数の繁華街でした。しかし十番商店街は、そもそもの成り立ちからして江戸期以降、無計画に拡張を重ねてきた末に形成された商店街だったため、けっして機能的とはいえませんでした。つまりは無秩序で雑駁。ひとつの商店街としての統一感を著しく欠いていたわけです。

そこで七人衆は、ゼロからの再出発にあたって、近代的な商店街の青写真を描きあげます。そこには、坂上の台地部との連携を考えた商店街づくり、集客のために歓楽街としての機能を充実させること、交通網の整備、商店街域における区画整理の実施などが盛り込まれました。話が先走りますが、現在の麻布十番商店街の土台はこの青写真に則ったものであり、その意味で、ここに登場する七人の男たちこそ、十番商店街の〝中興の祖〟といっても過言ではありません。

——っと、ここまで事実関係をさらっと記してきましたが、私がスゴイと思うのは七人の男たちの建設的な考え方と果敢な決断力です。平常時ならいざしらず、ペンペン草一本も生えていない瓦礫の山をまえに、よくもこんなマクロ的ともいえる復興ビジョンを練り上げたものだと心底から感服します。終戦から幾日も経っていないのです。ふつうなら意気阻喪して、生きる気力すら失っていてもおかしくありません。ここで根が文学中年の私は、若山牧水のこんな詩を想起してしまうのであります。

「眼をあげよ　もの思ふなかれ　秋ぞ立つ　いざみづからを　新しくせよ」

そうなんです。いつまでもアレコレおもい煩わずに、新しい自分に生まれ変わり、新たな未来へ果敢に歩み出さなくてはならない——。

人間すべからく、かくあるべし。とは思うのですが、現実はそう簡単にいきません。それをなし遂げた七人衆は、やはりスゴイ人たちだと思います。

最初の危機

終戦翌年の昭和二十一年（一九四六）三月、焼け残った木材や赤さびた焼けトタンを使って念願のバラック建てマーケットが竣工。十番商店街は復興に向かって最初の一歩を踏み出します。「十番マーケット」と名づけられたこのバラックは、現在の麻布十番大通りに、雑式通りを跨ぐかたちで建てられました。見た目には横に長い平屋の棟割り長屋で、各店舗は間口と奥行が二間（三・六二メートル）、広さ四坪（畳八畳分）の小体な造りでした。

この店舗スペースを当時の金額で各戸五千円で売り出し、五月ごろには全四十戸中、半数近くが開店にこぎ着けたといいます。これらの店のなかには、現在も十番商店街で営業中の「崇文堂」（書店）、「永井薬局」「オバタ薬局」などがあります。

マーケットがオープンしたことで復興気分は盛り上がったものの、日暮れになると人通りがぱったりと途絶えてしまうのが悩みのタネでした。これも無理からぬ話で、当時の商店街には街灯が一基しかありませんでした。日が沈むとそれこそ月の光だけが頼りで、追い剝ぎでも出没しそうな雰囲気。進駐軍が日本人を襲うなんて噂がまことしやかに囁かれていました。

そこで一計を案じた七人衆はじめ復興会のメンバーは、盆踊りを企画。同年九月二十六日から五日間、雑式通り沿いの坂下町（現・麻布十番二丁目）の焼け跡に櫓を組み、戦後の港区で初となる大規模な盆踊り大会を催しました。会場には娯楽に飢えた周辺の住民たちが大挙して押しかけ、大盛況。のみならず、戦後の十番商店街が大きく発展するきっかけとなりました。

盆踊り大会の成功は商店街の人々に一条の光明をもたらしましたが、喜んでばかりはいられない事態が出来します。ちょうどこの頃、東京都では戦後の土地区画整理事業を急ピッチで進めており、麻布十番も第一次都市計画の対象地区になっていました。

行政側の狙いは、戦前期に無計画なスプロール化によって拡大してしまった市街地を近代的な都市計画によって再開発することにあり、焦土化した麻布十番はその対象地区として恰好のエリアだったわけです。先述のとおり、商店街の人々も同じコンセプトで麻布十番を復興させる計画でしたが、東京都の描いた青写真は地元住民の民意を無視した大胆かつ無謀なものでした。

その東京都の計画ですが、なんと麻布十番大通りを四〇メートルに拡幅し、ここに金杉橋方面から延びている道路を直結させて「環状三号線」とするもの。これが完成すれば、十番大通りを直進して六本木を突っ切り、青山方面へと抜けることができるので、交通事情はよくなるものの、その代償として十番商店街は跡形もなく消滅することになります。

寝耳に水の事業計画に商店街の人々がのけぞったことは想像に難くありません。それも商店街が一丸となって麻布十番の復興に燃え上がっている最中の椿事なのですから、とても平常心ではいられなかったと思います。しかし、ここからのアクションが復興会のスゴイところで、まさに疾《はや》きこと風の如し！

この計画を知るや、七人衆のメンバーは関係官庁へ日参し、苛烈な反対運動を繰り広げるのです。

ラッキーだったのは、たまたま当時の建設局長が戦前に麻布西町（現在の元麻布二丁目あたり）に住んでいたことから十番商店街にも愛着があり、七人衆の陳情に理解を示してくれたことでした。

この建設局長こそ、都市計画のオーソリティで新宿歌舞伎町の生みの親としても知られる石川栄耀氏で、七人衆の一人である稲垣利吉さんの著書によると、局長はさっそく計画の見直しを関係各課に通達してくれたばかりか、麻布十番の復興事業を促進するよう取り計らってくれたといいます。

一局長の鶴の一声で公共事業の計画が大幅に変更されるなんて現在では考えにくいことですが、時代は終戦翌年の混乱期。こんなケースもあったのかもしれませんが、他方で昭和二十四年（一九四九）に実施された財政金融引き締め政策（ドッジライン）による事業計画の見直しが、環状三号線計画が中止に追い込まれた本当の理由ではないか、との見解があることも付記しておきます。

ともあれ十番商店街消滅の危機は回避されました。また、区画整理事業の「功」として、複雑に入り組んでいた麻布十番エリアの道路が広くなり、大黒坂から現在の「パティオ十番」を通って一之橋に抜ける道路（パティオ通り）が新設されました。学区を越えて十番界隈の悪童たちが集った「網代公園」（麻布十番二－十五）、私が自転車の猛特訓をした「一ノ橋公園」（通称、交通公園）なども、このときの区画整理で生まれたものです。

ちなみに先に述べた三業地も、元の場所での営業が許可され、戦後の麻布十番の一隅をふたたび艶やかな紅灯で照らすことになります。

イベント商店街

区画整理によって街の土台が出来上がると、戦前まで商店街で店舗を営んでいた商店主たちが次々と麻布十番に戻ってきました。

とはいえ、まだまだ解決しなくてはならない案件は山積み。そのひとつは夜が物騒な麻布十番のイメージを払拭することでしたが、ここでも七人衆の稲垣さんが大活躍。結果、十番大通りに街路灯が設置されることになるのですが、そこへこぎ着けるまでが厄介でした。

というのも大正期以降、麻布十番の商業圏にはエリアごとの商業者団体（組合のようなもの）が群雄割拠していたからです。

復興会が街路灯の設置を呼びかけると、設置場所をめぐって各団体が権利を主張して紛糾、なかなか結論が出ません。そこで復興会を代表して立ち上がった稲垣さん、十番商店街で営業をはじめた店主たちを一堂に集めて街路灯の有用性を諄々と説き、衆議一決。鳥居坂下の通りと十番大通りに全部で五十三灯の街路灯を設置することが決まりました。行政に頼らず、建設費や維持費は両方の通りに面した商店から頭割りで徴収することで参加者の意見が一致。これにより、夜も明るく安全な十番商店街が誕生したのです。

たかが街路灯と思われるかもしれませんが、復興途上の商店街にとって照明の有無は決してゆるがせにできない問題でした。そもそも人間には暗闇を恐れる本能があり、ましてや進駐軍が悪さをはたらくという噂のある商店街に寄りつく買い物客はいません。こうした事情に加えて、夜の商店街を明るく照らす街路灯には〝復興のシンボル〟という意味合いもあったと思います。それゆえに稲垣さんはじめ復興会のメンバーは街路灯の重要性を声高に訴え、十番商店街の店主たちもスピーディーに行動したのでしょう。

実際に街路灯の設置はさまざまな面で十番商店街の復興を加速させる点火剤の役割を果たします。街路灯問題をきっかけに商店街の店主たちは相互の絆を強め、一致団結して商店街の復興に注力。そのひとつが昭和二十二年（一九四七）七月七日から十六日の期間で実施された「中元福引き大売り出し」でした。

ガラガラ廻す回転式のくじ引き機が二台という小規模なものでしたが、港区の商店街で戦後初となる販促イベントということもあり連日の大盛況。最終日には十番大通りの中ほどから一之橋まで長蛇の列ができたそうです。周辺地域のみなさんも賑やかな催事に飢えていたのでしょう。

福引き大売り出しの大成功は当時の十番商店街に横溢していた復興の気運をさらに後押しすることになります。十番商店街は夏の納涼まつりをはじめ、現在もイベントが圧倒的に多い商店街として知られています。ある年の年間催事を列挙すると、節分会（二月）、春まつり福引きセール（三月）、花まつり（四月）、ほほえみ中元セール、仙台七夕まつり（七月）、麻布十番納涼まつり（八月）、秋祭り（九月）、十番の日、ハロウィンスタンプラリー（十月）、酉の市バザール（十一月）、歳末ほほえみセール（十二月）とバラエティに富んでおり、五月と六月以外は毎月なんらかのイベントを催行しています。

メディアの影響もあって八月の「納涼まつり」だけがクローズアップされていますが、実は麻布十番商店街は都内屈指のイベント商店街なのです。そして、その起源は戦後直後に断行した「盆踊り大会」と「福引き大売り出し」にありました。

話は前後しますが、福引き大売り出しが開催された昭和二十二年（一九四七）の三月十五日、旧芝区・旧麻布区・旧赤坂区の三区が合併され、いまの「港区」が誕生します。区名の由来は、区域に東京港を含有していることから「東港区」が候補となり、そこから「東」の一字を除いて「港区」になったとのこと。

民主的な組合組織

着々と復興が進むなか、七人衆が次に取り組んだのは娯楽施設の建設でした。まだバラック建てとはいえ、商店も少しずつ営業をはじめて次第に商店街らしい体裁は整いつつありましたが、集客のためには娯楽施設が不可欠と考えたのです。

先述のとおり、戦前の十番商店街には個人商店だけでなく有名百貨店の支店があり、演芸場や映画館といった娯楽施設や花街があって大勢の来街者を呼び込んでいました。そうした来街者が落としていく莫大なお金と、地域住民の消費によって十番商店街は成り立っていたのです。前出の稲垣利吉さんも著書のなかで、娯楽施設の有用性について次のように記しています。

「娯楽のない商店街は仏作って魂を入れぬと同じである。娯楽機関は宣伝力を有し（商店街が）観客を吸収する重大要素である」（『十番わがふるさと』）

七人衆には確固たる目標がありました。それは、一日も早く十番商店街が戦前の勢いを取り戻すこと。そのためには、なんとしても「魂」が必要だったのです。

こうしたビジョンのもと、戦前の十番商店街にあった演芸場を復活させる話がまとまります。しかも、商店街発展の一翼を担うことになる演芸場の建設には商店街と地域住民が一丸となって取り組まなくてはなりません。そのためには近代化された強力な組織が必要である、とする松浦徳市さん（七人衆のひとり）の提案により、昭和二十四年（一九四九）、新たに麻布十番商店組合が設立されます。

組合設立の根本理念は「全員が一丸となった大十番の設立」であり、先述したように、これまでエリア別に組織されていた各団体を統合し、より強固な組織を作りあげることでした。それには、民主的な組織運営を心がけることを第一義とし、理事長を決めるにも、まず十番エリアを七つの地区に分け、各区から代表理事を選出。さらに代表理事の投票によって理事長が選出される「中選挙区制」のシステムを組合の「憲法」として定めました。

驚くべきは、組合の設立から七十年を経過した現在も、この「憲法」と設立時の「理念」が遵守されていることです。いまも二年ごとにおこなわれている理事選では、選挙区を七地区に分け、各区の組合員の投票によって得票の多かった五人を選出。投票数が同数の場合は〝あみだくじ〟で

理事選の開票の様子（2018 年）

決めるのはご愛敬として、その後、各地区を代表する合計三十五人の理事の投票によって、理事長と役員を決するシステムをとっています。

投票によって理事長や役員を決めている商店街は多いと思いますが、十番商店街のスゴイところは、理事選の公示から開票までがきわめて厳格におこなわれる点にあります。選挙管理委員は組合ＯＢが務め、開票時にも不正や間違いがないように眼を光らせます。このシステムを徹底させることによって、特定の有力者が長期にわたって理事長や役員の座を独占するといった悪弊を絶つことができ、組合活動にもおのずと民主的な空気が流れることになるわけです。

十番商店街を語るとき、この組合の存在が重要なポイントになってきます。後に詳しく触れますが、十番商店街が数度にわたる絶体絶命の危機を乗り越えることができたのは、組合理事の経験と知恵、青年会メンバーの行動力、商店街で店を営む人々の熱意のたまものであり、この三位一体の連帯感が現在の麻布十番商店街を創りあげた、といっても過言ではありません。

娯楽施設の復活と朝鮮特需

演芸場の建設と営業許可を都に申請してから五年目の昭和二十七年（一九五二）、ついに麻布坂下町の雑式通り沿いに「十番倶楽部」が開場します。元来、寄席は席亭（席主）といわれる興行のプロによる経営が一般的ですが、十番倶楽部では商店街組合が経営と運営にあたることになりました。そのため組合の担当者は上野の鈴本演芸場や新宿末廣亭といった都内の寄席に足繁く通って、寄席経営のノウハウを一から学び、六月のこけら落としに備えました。

設備はやや小規模ながら、収容人数は百七十名を確保。当時の寄席としてはなかなか立派なものになりました。設立趣旨は、「利益を目的とせず、倶楽部の出現によって客層を麻布十番に吸収し、商店街の発展をその使命とする」というもので、新たに雇い入れた五人のスタッフ以外、組合のメンバーが下足番、場内整理、売店、楽屋の世話などを率先して手伝いました。

開場時のチラシを見ると、トリの桂文楽（八代目）をはじめ、林家正蔵（八代目。いまの正蔵じゃありません！）、三遊亭小圓朝（三代目）、昭和の爆笑王としてブレークする前の林家三平（いまの三平じゃありません！）といった昭和を代表する名人が並び、講談の一龍斎貞丈、三味線漫談の都家かつ江、奇術のアダチ龍光など当代の人気者たちも顔を揃えています。そのうえ、招待客を招いてのこけら落としには、桂三木助（三代目）、三遊亭圓歌（二代目）といった大師匠も馳せ参じたというから驚きます。

素人経営の寄席によくもこれだけの大看板が来演してくれたものですが、これについて稲垣利吉さんは「三木助師匠の如き江戸前の名人が配置されたことは、戦前の十番倶楽部の伝統のお陰であると思う」と述懐しています。この一事をとっても、戦前の十番倶楽部がどれだけメジャーな演芸場だったか想像できるというものです。

……と、ここまで書いてきて、申し上げるのがたいへん辛いのですが、その十番倶楽部、昭和三十年（一九五五）に早くも破綻してしまうのです。鳴り物入りでスタートしたものの、連日大入り満員というわけにはいかず、赤字は膨らむばかり。出演者のギャラを値切ったりして急場をしのいだこともあったようですが、ついに万策尽きて閉館に追い込まれたのです。

当時はラジオの寄席番組が全盛期を迎えており、落語はラジオで聞くのがあたりまえ。こうした時代的な背景も健全な寄席経営に少なからず影を落としたようです。いずれにしても、「城南唯一の江戸芸術の殿堂を麻布十番に！」という高邁なコンセプトのもとに開場した十番倶楽部は、わずか三年でその命脈を絶たれたのでした。

同じ年の九月、閉鎖された十番倶楽部の場所に映画館がオープンします。

昭和二十年代から三十年代の中頃まで、庶民にとって最大の娯楽といえば映画でした。戦前には麻布十番にも映画館が二館ありましたが、空襲で焼失。戦後最初に営業を開始したのが昭和二十六年（一九五一）十二月に同時オープンした「麻布中央劇場」と「麻布映画劇場」で、その一年後の昭和二十七年には「麻布日活」、さらに昭和三十年には閉鎖した十番倶楽部を改装して「麻布名画座」が誕生します。

また、昭和二十五年（一九五〇）に勃発した朝鮮戦争によって引き起こされた特需景気が、十番商店街の復興をさらに加速させます。

二之橋、三之橋、古川橋、四之橋といった古川の上流域には町工場が相次いで建ち並び、戦前を髣髴とさせるような一大工場地帯（古川工場地帯）を形成。こうした工場で働く人々の需要によって十番商店街は大いに潤ったといいます。

一方、こうした時期にも麻布十番エリアに工場が新設されることはありませんでした。これは稲垣利吉さんはじめ七人衆のメンバーが中心となり、いち早く空き地を買収していたためです。

麻布十番の復興は商店街の復活にあると考えていた復興会の人々は、空襲によって麻布十番から転出していった商店主などの土地を買い占めるべく行動を開始。土地買収を目的とする麻布振興株式会社を設立して、空地になっていた約一千坪の土地買収に成功したのでした。

空地の買収に奔走した人々の胸底には、「商店街に適しない者に（商店街の）土地が買収されたら、大十番建設の理想も水泡に帰してしまう」という危機感がありました。たしかに、商店街の要所に工場や企業の営業所などを建てられた日にはエライことになります。全体の統一感が失われた商店街はもはや商店街とはいえず、単に個人商店の集合体に過ぎません。そんな場所に人々を吸引するメカニズムが機能するわけはないのですから。

その意味で、復興会の土地買収政策は理にかなったもので、彼らの先見性には脱帽するほかありません。戦後の復興期に外部資本の進出を許していたら、今日の十番商店街の繁栄はなかった、と私は思います。

もっとも、歴史は繰り返すとはよくいったもので、それから四十年の後、「マハラジャ」というとびきり強烈な〝外来種〟の侵攻により、ふたたび十番商店街は危機に立たされることになるのですが、この話題はのちほど。

「十一階建て」の衝撃

「もはや戦後ではない」といわれた昭和三十年代初頭になると、復興のシンボルだったバラック建ての十番マーケットもすでに解体され、十番大通りには二階建ての商店が整然と立ち並ぶようになります。

昭和三十三年（一九五八）には麻布北日ヶ窪町（現・六本木六丁目）に日本住宅公団の造成した鉄筋コンクリート五階建ての「北日ヶ窪住宅」が誕生。各棟にはこぢんまりとした前庭と奥庭があって、たしか居住者専用の公園もあったような気がします。同級生が住んでいたので、中学時代にはこの団地へ何度も遊びに行きました。そのときは、少し古びた、どこにでもある普通の団地という印象しかありませんでしたが、竣工当時はハイソな文化住宅として話題になったそうです。

ちなみに、この団地があった北日ヶ窪町一帯は、六本木六丁目再開発計画の対象地域となり、六本木ヒルズの竣工と引き換えに、町全体が消滅してしまいました。この話題については章をあらためて詳述します。

ハイソといえば、その翌年、一之橋の古川沿いに地上十一階建ての「ツイン一の橋」が分譲を開始します。「ツイン」の由来は南北に二棟並んで建っているからで、私が十番小僧だった昭和四十年代には東京都住宅供給公社の「一ノ橋住宅」という垢抜けない名称で、北側（一之橋側）を一号館、南側（二之橋側）を二号館と呼んでいました。超高層タワーマンションが乱立するいまでこそ、十階や二十階建てのマンションなど幼稚園児だって見向きもしませんが、昭和三十年代はじめの十一階建てはたいそう珍しかったようです。当時、中学生だったという十番商店街の某店主の話を紹介すると、

「事件でしたね。当時は銀座とか渋谷とかに行かないと、十一階建てのビルなんてなかったから。それが一之橋にドンと出現したわけ、二棟もね。そりゃ、びっくりしますよ」とのこと。

当時の十番商店街では、〝十一階建て〟の話題でもちきりとなり、建設中の建物を見上げては「あんな高層住宅に誰が住むのだろう?」と噂しあったそうです。実際にこの分譲住宅に入居したのは地元の人々よりも、転勤族のサラリーマンが多かったようです。ちなみに、次節で詳しく述べる十番商店街の広報紙は「一ノ橋に近代アパート」の見出しで、こう報じています。

「一ノ橋都電通りに近代的アパート二棟が建築されつつあり、人の目を引いています。この大きな

鉄筋アパートが完成したら、十番界隈もひときわ活気づくことでしょう。(中略)完成は今年(昭和三十三年)の十一月で一階はマーケット、二階以上がアパートになっています」

いま思い出したのですが、私の記憶ちがいでなければ、たしか昭和四十年代の中頃には作曲家の大中恩《おおなかめぐみ》さんが「一号館」の高層階に住んでいました。大中さんは、「サッちゃん」「犬のおまわりさん」といった童謡の名作を作曲した方で、通っていた小学校の音楽発表会の招待状を届けに、私は一度だけ大中さんの部屋を訪ねたことがあります。

玄関ブザーを五〜六回も鳴らしたでしょうか、ようやく扉の向こうに姿を現した大中さんは愛想も小想もなく(極端なまでに無愛想という意)、たいそう機嫌の悪い顔をなさっていました。たぶん作曲の真っ最中で、せっかく浮かんだ妙なる楽想を、ハナを垂らした小汚いガキに台無しにされたのでしょう、見るからに怒り心頭という形相でした。童謡作曲家の恐ろしい顔にすっかり動揺してしまった私は、一言も言葉を発することができないまま、招待状を乱暴に手渡すと、エレベーターを待つのももどかしく、脱兎のごとく階段を駆け下りたのでした。その大中先生も平成三十年(二〇一八)十二月に九十四歳の天寿をまっとう。令和や、昭和は遠くなりにけり……。

またまた話が脱線したので先を急ぎますと、この時期には麻布十番の隣町といってもよい芝公園に、高さ三三三メートルの総合電波塔「東京タワー」が竣工(昭和三十三年[一九五八]十二月)。先の〝十一階建て〟といい、相次いで誕生する高層建築物の威容は、木造家屋にしか馴染みのなかった当時の商店街の人々の度肝を抜くには十分で、その驚きはある種のカルチャーショックを伴うものでした。

こうした十番商店街をとりまく環境の変化はその後、日本の高度経済成長期と歩調を合わせるように激しさを増していくことになりますが、そのなかで変わらなかったのは十番商店街だけでした。

「十番だより」創刊

麻布十番商店街の広報紙「十番だより」が創刊されたのも、ちょうどこのころでした。

創刊号は昭和三十二年（一九五七）十一月十五日の発行で、発行元は麻布十番商店街商業協同組合（現・振興組合）。四段組の全四ページ構成で、一面に組合理事長の松浦徳市さん（七人衆のひとり）の創刊のあいさつ、二〜三面には「麻布十番史跡めぐり」などの読み物、「流しのつまったとき」「寒い時の『赤ら顔』美顔法」といった生活情報などで埋まり、四面には映画館（麻布中央、麻布東映〔麻布映画劇場〕、麻布名画座、麻布日活）の上映スケジュール、歳末福引き大売り出しの告知などが掲載されています。

一般に商店街が発行する広報紙というと、催事の告知、組合の人事、店舗や店主の紹介記事などが主要コンテンツになるのですが、創刊当初の十番だよりの特徴はボリューミーな読み物にスペースを割いていたことです。

創刊翌月の第三号（十二月二十日発行）には、「麻布十番盛衰記」の連載がスタート。これは麻布十番の起源や歴史を有史以前にまで遡ってひもといていくもので、歴史書や古文書などの文献を縦横に駆使して、プロの歴史家も顔負けの読み応え十分の内容になっています。無署名の記事なのが残念。この連載は途中休載をはさんで第二十一号（昭和三十四年［一九五九］一月一日発行）掲載の「徳川時代の巻」まで続きます。

第六号（昭和三十三年［一九五八］二月十八日発行）から連載がスタートした「閑人帖～十番界隈の思い出」は、麻布材木町に生まれた筆者（筆名＝麻布山人）が明治二十年代から昭和二十年代までの十番商店街の風物や麻布界隈で見聞きしたエピソードを懐古風に綴るエッセイ。ウンチクが満載で、昔の麻布十番を知るための恰好の手引き書になっています。

連載を休止した「麻布十番盛衰記」と「十番界隈の思い出」に代わって、第十三号（昭和三十三年七月二十日発行）から一面を飾るようになる「この空の下に～麻布と文学者」（筆者＝絶江庵主人）も出色の労作。タイトルが示すとおり、麻布に縁のある文学者の人と仕事を毎回紹介。主な顔ぶれを登場順に並べると、志賀直哉、北村透谷、蔵原惟人、長与善郎、島崎藤村、岩野泡鳴、川端康成、北原白秋、高見順、小山内薫、正宗白鳥、広津柳浪、永井荷風と錚々たるメンバーが名を連ねています。

藤村（飯倉片町）や荷風（麻布市兵衛町）が麻布と縁の深い作家だったことは広く知られていますが、短期間だったとはいえ、川端康成も麻布宮村町（現在の元麻布一丁目、二丁目、三丁目の大部分に六本木六丁目の一部、麻布十番二丁目の一部を含めた地域）の某宅の一室を間借りし、仕事部屋にしていたとは初耳。また、通り一遍の人物紹介だけでなく、たとえば筆者と白秋が銭湯でよく一緒になったというエピソードなども開陳されており、なかなか稀少価値の高い読み物になっています。

こうした充実した読み物はその後、「麻布と文学者」休載後に絶江庵主人がふたたび筆を執った「荷風『日和下駄』の跡を辿る」シリーズ、「麻布の七不思議」シリーズ（筆者不明だが稲垣利吉さんの作か？）、またまた絶江庵主人による「思い出をひろう～明治末の十番周辺」シリーズなどに書き継がれ、紙面に彩りを添えていきます。

そして第十七号（昭和三十七年［一九六二］五月二十日発行）から、本書で何度も登場している七人衆の旗振り役、稲垣利吉さんの回顧録「焼野原から、今の十番へ」の連載がスタート。戦前から戦後の復興期にいたる十番商店街の栄枯盛衰を自身の体験を交えて克明に記録したもので、多少の勘違いはあるものの、稲垣さんの並はずれた記憶力と博覧強記ぶりが遺憾なく発揮されています。

この内容は、後に連載された同氏の「阿佐布夜話」とともに貴重な図版も加え、昭和五十五年（一九八〇）に『十番わがふるさと』という一冊の本にまとめられました。同書は麻布十番の歴史を知るための重要なバイブルとなっていますが、私家本として出版されたため一般に頒布されず、現在ではなかなか入手が難しくなっています。有志による復刊を切に望みたいところです。

納涼大会が名物に

このように、創刊当初から資料価値の高い魅力的な記事を掲載してきた十番だよりですが、昭和四十年（一九六五）二月発行の第百八号あたりから、読み物の連載がほとんど姿を消してしまいます。

回顧録や史蹟めぐりの類は書き尽くされてしまってネタ切れ状態となったのか、麻布山人、絶江庵主人、稲垣利吉さんといった健筆家に続く新たな書き手が見つからなかったのか、事情はいろいろと考えられますが、昭和四十年以降、十番だよりは商店街の催事に関する告知やリポート記事が紙面の大半を占めるようになります。ふたたび読み応えのある読み物が十番だよりの紙面を飾るようになるのは、後に紹介する〝麻布十番の生き字引〟こと、遠藤幸雄さんが同紙の編集に参加するようになる昭和五十年代のことでした。

十番だよりの中心記事が、読み物から商店街の催事や地域情報へとシフトしていった背景のひとつに、十番商店街そのものの好況がありました。

昭和三十年代に入ると十番商店街は好景気のうちに推移し、それにつれて規模の大きなイベントを打ち出していくようになります。その最たるものが夏におこなわれる「納涼大会」といえるでしょう。

現在では麻布十番を……というよりも、東京を代表する夏の風物詩のひとつに数えられるようになった「麻布十番納涼まつり」ですが、その起源が戦後間もなく、まだ焼け跡の残る旧坂下町で開催された盆踊り大会にあることはすでに述べました。十番商店街ではこの夏の盆踊り大会を絶やすことなく毎年開催し、昭和三十年ごろからは商店街の恒例行事として、地域住民のみならず近隣や他区の人々にも広く知られる存在になっていきます。

十番だよりにはじめて納涼大会の告知が出たのは、昭和三十三年（一九五八）七月発行の第十三号。

「町ぐるみ納涼大会」の見出しで、本文九行のほんの小さな記事でした。それが三年後の第六十一号では、一面から三面までが納涼大会関連の記事と写真で占められ、すでにこのイベントが一商店街の催す夏祭りのスケールを質量ともに凌駕していることが十分に窺える内容となっています。

ちなみに一面は、「拍子と歓声のうち盛大に開催　美女勢揃いして大観衆を魅了」の見出しで、この夏の納涼大会の初日に発表された「ミス十番美人コンクール」の順位について大きく報じています。

その時々によって新たな趣向を盛り込んで開催される納涼大会は、年を追うごとに知名度を増していき、昭和三十年代の終わりごろには、十番商店街に欠くことのできない夏の一大イベントとして定着。麻布十番といえば納涼大会といわれるほどの名物行事となります。

それを裏打ちするように、昭和三十九年（一九六四）九月発行の十番だよりの一面には「区内随一　十番の納涼盆踊り大会」の見出しが躍り、商店街の人々の自信と矜持にあふれたリード文がその盛況ぶりを伝えています。摘記してみましょう。

「遠く青山、赤坂界隈からも人が集まるといわれる麻布十番の『納涼盆踊り』は今年も連日大盛況、一ノ橋公園の会場は、踊る人、見物する人で埋めつくし、交通整理のお巡りさんもテンテコマイ。まずは上々の催しだった」

これでも表現はいくぶん控えめで、当時の納涼盆踊り大会には青山・赤坂どころか、都内一円から来街者を集めていたと推察されます。これを裏付けるデータとして、この年の人出は「一日平均延べ一万人以上」と同号の記事にあり、このころの納涼大会が五日間にわたっておこなわれていたことを勘案すると、全会期中に五万人近い人々で賑わったことになります。この数字は半端じゃありません。ちなみにこの年の目玉は、選り抜きの老若男女が美声を競った「のど自慢大会」で、大いに盛り上がったそうです。

納涼大会以外にも、昭和三十年代の後半には戦前ほどの規模ではないにしろ、十番名物の「縁日」も大勢の来街者を集めるようになりました。毎月五の付く日は麻布大黒天、九の付く日には十番稲荷の縁日が立ち、特に九の付く日は十番大通りを車両通行止めにして、およそ五百軒もの露店で賑わいました。

ここまで見てきたように、戦後の十番商店街は朝鮮特需による好況と日本の高度経済成長と歩調を合わせるように発展してきました。さらに昭和三十年代後半になると、東京オリンピックの開催に向けて、日本中の経済が沸き立ち、東京の景観が激変します。これは戦後の日本にとって大きな転換点になりました。

そして、そうした時代の激流に、麻布十番も呑み込まれることになるのです。

第三章

十番商店街の奇跡［二］　「疾風怒濤篇」

2日で40万人を集める「納涼まつり」

激変する六本木

東京オリンピックが開催された昭和三十九年（一九六四）、麻布十番商店街の景気は戦後のピークを迎えます。しかし同時にそれは、十番商店街が長く暗い冬の時代に突入する前夜の出来事でもありました。

オリンピック前年の昭和三十八年（一九六三）、麻布日活館が閉館。四十年には麻布名画座、麻布中央劇場、麻布映画劇場も相次いで閉館に追い込まれ、麻布十番からすべての映画館が消滅します。しかしその当時、映画館の閉館は全国的な現象であり、十番商店街固有の問題ではありませんでした。

昭和三十三年（一九五八）に十一億二七四五万人という驚異的な数字を記録したものの、この年をピークに映画の観客動員数は年々減少を続け、日本の映画産業は坂道を転げ落ちるように衰退していきます。テレビ受像機の普及やレジャーの多様化が主因とされていますが、実のところ、それは映画会社のもっともらしい言い訳に過ぎない、と私は考えています。

洋画は措くとして、少なくとも観客が日本映画に魅力を感じなくなったのは、枯渇するいっぽうの企画力と人材に対して、何ら手を打たなかった映画会社自身の怠慢に原因があり、それはとりもなおさず好景気に胡坐をかいていた経営陣の〝奢り〟にほかならないと思うのです。テレビを脅威に感じたのならば、なぜ映画会社はテレビ番組に負けないような企画と才能を投入しなかったのか。

私の知る限り、昭和三十年代の映画界で卓越した企画力と才能をもってテレビ番組を圧倒した映画人は唯一、黒澤明監督だけです。

それはともかく、映画人気の凋落は麻布十番にあった四軒の映画館にも甚大な影響をおよぼすことになったわけですが、商店街の人々はさほど深刻には受け止めていなかったようです。当時の十番商店街はすでに地域や近隣住民をターゲットとした近隣型商店街へとシフトしており、繁華街のシンボルである映画館を必要としていなかったからです。換言すれば、繁華街化しなくても、昭和三十年代後半の十番商店街は十分に潤っていたということになります。

しかし、隣街の六本木に地下鉄日比谷線の駅が開業すると、さすがに商店街の人々も危機感を抱かざるを得なくなります。

六本木は、江戸時代には大名・旗本の屋敷町、明治以降は陸軍の歩兵第一連隊、歩兵第三連隊などを擁する〝軍都〟として発展してきた街です。昭和二十年（一九四五）には空襲で街の大部分を焼失。戦後になると米軍に接収された陸軍の敷地に「ハーディ・バラックス」と呼ばれる米兵舎が建てられます。

戦前は帝国陸軍の軍都、戦後は一転、米軍の街としてスタートした六本木には、外国人専用の飲食店や深夜営業のスナック、バーが続々と開店。街の雰囲気はさながら〝東京租界〟といった趣で、敗戦国の日本人にはなかなか近づき難いエリアでした。

朝鮮戦争後の昭和三十年代になると、徐々に米軍の基地文化は形骸化していき、それにつれて日本人も次第に六本木へと足を踏み入れるようになります。当時、六本木に近い狸穴《まみあな》に住んでいた作家の野坂昭如は自著『東京十二契』のなかで、そのころの六本木の有様を詳しく描写していますが、同書によると、六本木のバーやクラブが日本人客を歓迎するようになったのは昭和三十一年（一九五六）頃からで、すでに米兵相手だけでは商売が成り立たなくなっていたようです。こうした傾向は昭和三十四年にハーディ・バラックスが日本に返還されたあたりから、ますます顕著に。

昭和三十五年（一九六〇）に麻布材木町五十五番地（現・六本木六丁目）に開局したNET（テレビ朝日の前身）をはじめ、すでに同じ港区内の赤坂で開局していたTBSや、フジテレビ（新宿区河田町）といったテレビ局のスタッフが大挙して六本木に繰り出すようになったのです。当時の東京には彼らを迎え入れるような深夜営業の店が少なく、タクシーで数分という地の利のよさも、六本木という〝新興の不夜城〟が多くのテレビ関係者を取り込むようになった誘因といえるでしょう。

彼らに追随したのが最先端の風俗やファッションに敏感なデザイナー、エディター、フォトグラファーといった横文字職業の人々や、俳優やミュージシャンなどの芸能関係者で、夜の六本木が殷賑をきわめるようになると、こんどは〝俳優やミュージシャンに会える街〟として、有名人目当てに六本木へやってくる若者たちが出現。彼らは「六本木族」と呼ばれ、彼らの発信する情報はさらに多くの若者たちを六本木へと誘導する起爆剤の役割を果たしたのです。

とはいえ、当時の六本木はまだまだ会社帰りのサラリーマンが気軽に立ち寄れるような場所ではありませんでした。なんといっても交通の便が悪いのです。そのころの六本木といえば、自家用車やタクシーで乗り付けるのが一般的で、公共の交通機関はもっぱら都電。このあたりの交通事情は隣街の麻布十番と共通していました。

その六本木に、待望の地下鉄が開業したわけですが、これには〝ある事情〟がありました。

大きな誤算

東横線の中目黒から北千住を結ぶ新たな高速鉄道として期待されていた地下鉄日比谷線は、東京オリンピックが開催される昭和三十九年（一九六四）の全線開通を目標に、昭和三十三年ごろから沿線用地の交渉を開始。当初は恵比寿から広尾を通り、麻布十番を経て六本木、神谷町、霞が関へといたるルートが有力視されていました。

ところが、商店街関係者と地域住民が麻布十番駅の開業に反対したことから、事態は思わぬ方向へと進みはじめます。

反対派の主張は、麻布十番に日比谷線が通ると、街が騒がしくなる、十番商店街の主要な顧客である地元住民が沿線上の銀座や上野方面へ流出してしまう、というものでした。

その当時、麻布十番に住んでいた高井英幸さん（後述）は著書のなかで、このときの騒動をこう振り返っています。

「（日比谷線は）もともとは恵比寿の方から来て、広尾、麻布十番をへて神谷町、霞ヶ関へと、ほぼ直線に抜ける計画だった。ところが麻布十番商店会（組合）が、近隣の住民の意見もろくに聞かず勝手に猛反対した。商店街の客がよそへ流出するとでも思ったのだろうか、連判状まで作って営団に抗議したという。営団地下鉄は、東京オリンピックという絶対的なタイムリミットを抱えていたので、やむを得ず麻布十番を諦め六本木に変更した。(中略)このため新たに手間も費用も莫大にかかり、営団地下鉄の麻布十番に対する印象は非常に悪くなった」(『映画館へは、麻布十番から都電に乗って。』)。

反対運動を繰り広げた当事者の大半がすでに鬼籍に入っているか高齢のため、真相を把握するのは難しいのですが、当時を知る数少ない商店街関係者によると、地下鉄駅の開業に賛成する人々も少なからずいたようです。

「商店街の連中が反対の署名運動をしたから日比谷線は麻布十番をパスしてしまったと世間一般ではいわれてるけども、賛成派もいたんです。うちの親父も地下鉄には賛成だった。だけどね、組合では反対派が大勢を占めていたので、なかなか賛成って言えない。そんな空気が当時の商店街にはあった。それで親父もずいぶん悩んだらしい……」

日に日に地下鉄反対の機運が盛り上がるなか、ある新聞がこの問題を取り上げたことから、地元住民による反対運動は広く世間に知られることに。結果、日比谷線は麻布十番をスキップして、六本木から神谷町へ、霞が関、日比谷、銀座を通過して上野、北千住へといたる現行のルートをたどることになった、といわれています。

高井さんも指摘するように、東京オリンピックの開催を目前にして反対住民との交渉に時間を空費するより、六本木から神谷町に直結したほうが得策ではないか?――あるいは営団側にそんな思惑が働いたのかもしれません。

昭和三十九年(一九六四)三月、六本木に地下鉄駅が開業すると、背広姿のサラリーマンたちも夜の六本木に足を踏み入れるようになります。これは最先端の風俗に敏感な、いわゆるイケてる人々のための聖域が大衆化の道をたどりはじめる契機ともなりました。それほど地下鉄駅の開業は街の発展に大きく作用したということです。

ところで、当時の「十番だより」を子細に調べても、日比谷線の六本木駅開業に関する記事は見当たりません。これは私の推測ですが、地下鉄駅反対はそもそも商店街組合の総意ではなかったのではないか? 別の言い方をすれば、組合幹部のトップダウンによる、いわば「強いられた反対運動」だったのではなかったか?――そんな気さえしてくるのです。

腑に落ちないのは、六本木駅が開通する二年前の昭和三十七年(一九六二)八月号の十番だよりに、「地下鉄線路」という見出しで、次のようなベタ記事が掲載されていることです。

「地下鉄には公団線(営団)と都営線とありますが、麻布路線は公団線計画の一つ。(中略)そのうち九号線が麻布に設けられます」

「第九号線は、芦花公園(京王線)――方南町――新宿――春日町――厩橋――深川――月島――麻布の間で二十七キロに及びます。昭和四十四年度に着工し、五十年に完成。先の長い話ですが、とにかく、やがて、この麻布十番周辺も、こうして地下鉄が開通する。うれしい話ではありませんか」

記事中の「九号線」は、都市交通審議会が昭和三十七年（一九六二）六月に運輸大臣に提出した都市交通審議会答申第六号（「東京及びその周辺における高速鉄道、特に地下高速鉄道の輸送力の整備増強に関する基本的計画の改訂について」）に盛り込まれた路線のひとつで、現在の都営大江戸線とほぼ同じルートになっています（ちなみに現行の九号線は東京メトロ千代田線）。

この記事から伝わってくるのは、日比谷線の麻布十番駅に反対したといわれる十番商店街の人々が「九号線」の開通を歓迎していることです。その真意はわかりませんが、銀座方面に向かう日比谷線は困るけど、深川や月島方面ならば商売に影響しない、という考え方があったのかもしれません。

先に紹介した商店街関係者の証言です。

「反対運動がどこまで功を奏したのかはわかりませんけれども、日比谷線は麻布十番を通らなくなった。これで安堵した人たちも、あとになって反対運動が誤算だったことに気づくわけです。そうなると、反対した人たちはまるで戦犯扱い。うちの親父にしてみれば、ざまぁ見ろですよ。だから言わないこっちゃない、と……。人間なんて勝手なもんですよね」

なんとも身につまされる話ですが、一方で反対運動の是非をめぐっては、単純に評価を下すのが難しい一面もあります。反対派の肩を持つわけではありませんが、このとき麻布十番に日比谷線の駅が開業していたら、少なくとも現在のような麻布十番という街も商店街もなかった、と断言できるからです。

もっともそれは、今だからいえることで、地下鉄駅開業の機会を逃したことによる代償は、けっして小さなものではありませんでした。「営団地下鉄の麻布十番に対する印象は非常に悪くなった」ことが原因だったのかどうかは不明ですが、晴れて麻布十番に地下鉄が開通するのは、六本木駅の開業から起算して三十六年後になるのですから……。

消えゆく繁栄のシンボル

地下鉄駅の開業により東京の新たなプレイスポットとして急成長していく六本木を尻目に、隣街の十番商店街は一見、何事もなかったように日々が経過していきます。

このころになると環境整備などのハード面ではかなりの充実度を示しており、少しまえの昭和三十四年（一九五九）には、組合が〝港区随一〟と自賛する最新式アーケードが十番大通りに設置され、東京都商店街コンクールで第一位の都知事賞を受賞するなど、都内を代表する優良商店街としての地位を確立していました。

都内トップの誉れに意気があがったのか、昭和三十七年（一九六二）には商店街の「不燃化高層建築計画」が本格化。これは総工費十二億円（当時の金額）を投じて、商店街全体をまるごと高層ビル化してしまおうという壮大な……というか無鉄砲なプランで、青写真では一階が店舗、二階が店舗経営者の住居スペース、三階から五階までを賃貸アパートにする計画でした。店舗の近代化と人口誘致（顧客の囲い込み）が目的で、商店街側ではこの高層ビルの竣工によって八千人の人口増加を見込んでいました。

いまの感覚からすれば、五階建てビルを〝高層建築〟と呼ぶにはいささかの抵抗を感じますが、それはそれとして、商店街組合ではこの計画を東京オリンピック開催までに完遂すべく、かなりの本気度をもって推進していました。しかし、結局は加盟店舗の足並みが揃わないまま、このプランは頓挫のやむなきに至ります。

昭和四十年（一九六五）になると、麻布十番の花街（三業地）に翳りが現れます。

すでに述べたように、戦前は神楽坂と肩を並べるほどの繁昌ぶりで名を馳せ、戦後は朝鮮特需をきっかけに勢いを取り戻していた十番の花街は、寄席や映画館とともに商店街繁栄のシンボルでした。その花街が東京オリンピックの直後に生じた証券不況をきっかけに急減速。毎年おこなわれていた芸者踊りも中止に追い込まれてしまいます。

花街の盛衰が世の中の景気に大きく作用されるのは当然のこととはいえ、原因はそれだけではありませんでした。料亭に芸者を集めてドンチャン騒ぎに興じるスタイルそのものが、時代にマッチしなくなっていたのです。これに比して、隣街の六本木ではナイトクラブやサパークラブが全盛期を迎えており、こうした大人たちのための新たな社交場は、銀座のバーやスナックから流れてきたホステスや社用族をも取り込んで、夜の六本木を華やかに彩っていきます。

戦後の復興期を支えてきた旧世代の商店主たちのなかには、繁栄の象徴としての花街が衰退していくことに精神的な支柱を失ったような、一抹の寂しさを感じていた人々もいたようです。その一方で、当時二十歳代の若者だった二代目・三代目の商店主たちとなると、受け止め方が一八〇度違ってきます。

「戦前ならいざ知らず、十番商店街に花街は似合わない。十番商店街ってのは昼の商売ですから、そのすぐそばに夜の歓楽街があるということに違和感を感じてましたよ。しかも、当時は商店街全体をどう近代化していくかという時期ですからね。そこに料理屋さんやら芸者さんじゃ、いかにも具合が悪いでしょう……」

十番商店街で飲食店を営む七十歳代の現役商店主のコメントです。彼らの世代にとっては、花街など戦前の遺物であり、負の遺産に過ぎなかったようです。たしかに、盛り場的な要素を取り入れた戦前のスタイルから、近代的で健全な商店街を目指して舵を切りはじめていた昭和四十年(一九六五)当時の十番商店街にとって、花街は目の上のコブだったのかもしれません。

というわけで、最盛期には百三十人もの芸者を擁した麻布十番の花街も、昭和四十二年(一九六七)には料亭が十二軒、芸者の数も五十人以下にまで激減。

三業地のド真ん中に友人宅があった関係で、小学校時代には三日にあげずこのエリアに足を踏み入れていた私ですが、いまなお鮮明に記憶しているのは「白水」という料亭の長い黒塀です。もちろん、そこが料亭(貸座敷)であることを知るのはずっと後のことなのですが、無用の立ち入りを拒んでいるような、なんともいえない厳めしさを湛えた黒塀に恐懼したことを憶えています。最後の一軒になるまで持ち堪えたこの料亭も、昭和五十年代にはついに姿を消してしまいました。

陸の孤島

昭和四十二年（一九六七）、大正時代から麻布十番の人々にとっての生活の足として〝チンチン電車〟の名で親しまれてきた都電のうち、主要の三系統が廃止されてしまいます。自動車の保有台数が激増したことによる渋滞の緩和と、都電利用者の減少などがその理由ですが、来街者にとっては主要な交通手段になっていただけに、都電の廃止は十番商店街にとっても由々しき大事でした。

転勤族だった父親の仕事の関係で、私が麻布十番に住みはじめたのは、ちょうどそんな頃のこと。プロローグにも記したように、都電に代わって新たな交通手段を担うことになった「都バス」の車体が妙に先進的なスタイルに映り、気分が浮き立ったことを憶えています。そのころ小学生だった私には、モタモタ走る都電はとにかくダサく、都バスの登場は大歓迎でした。渋谷へ映画を見に行くにも、家族で新橋や銀座に出るにも、都バスのほうがスマートかつスピーディーに感じられたものです。

しかし、商店街の人々やほとんどの地域住民にとって、都電の廃止は大迷惑以外のなにものでもなく、料金が高くなった、乗り換えが不便になった、終バスの時間が早い……などの理由で、都バスはたいそう嫌われていました。

そうした理由以外にも、長い歳月を〝都電の王国〟として君臨してきた麻布十番の住民たちには、他地区の人々には計り知れない一入の想いが伴っていたことでしょう。思えば、映画館も花街も都電（路面電車）も、かつての麻布十番にとってはそのすべてが繁栄の象徴だったのです。

都電の廃止によって来街者の数が減っても、当時の十番商店街では切羽詰まるほどの危機感は抱いていなかったようです。すでに地域住民を対象にした近隣型商店街として機能していたので、来街者の数が減ったからといって、すぐに廃業に追い込まれるような商店がほとんどなかったからです。商圏のスケールや商店のバリエーションといった点からも、十番商店街に拮抗しうるライバル商店街が付近になかったことも幸いしていました。

それでも商店街の人々に不安がまったくなかったわけではありません。もうすぐ八十歳になる元商店主は都電廃止当時の様子をこう振り返ります。

「都電の廃止は組合の理事会でも大きな問題として議論されました。将来この商店街はどうなってしまうんだろうっていう不安はありましたから。自分の代まではどうにかなるかもしれないけど、子供の代のことを考えると、やはり心配ですよね。できれば店は継いでほしいと思ってたし。そこはみなさん、同じ想いだったんじゃないかな。そこで、商店街にもっとお客さんを呼び込む方法はないかとなったときに、十番商店街には納涼大会があるじゃないかと……」

都電が廃止された翌年の昭和四十三年（一九六八）は「明治百年」の記念イヤーで、全国で多彩な催事がおこなわれました。この年の納涼大会でもさっそく明治百年にあやかった「露店の夕べ」を開催。その内容を十番だよりの記事から抜粋します。

「この露店夜店には、昔なつかしい、艶歌師や、ガマの油売り、タンカ売り（啖呵売）、針金細工、蟲売り、手品、バナナのタタキ売り、アメ細工、吹矢など、たくさんの珍しい露天商が東京中より十番に集まり、往時の十番通りの盛り場を再現します。文字通り明治調のなつかしい夏の風情が横溢することでしょう」

明治百年を祝うというよりも、商店街の活況を祈念して、東京の三大盛り場といわれた明治時代の十番商店街の雰囲気を再現しようという趣旨で企画したのでしょう。当時小学生だった私も、この「露店の夕べ」に出かけましたが、ふだんの静かな商店街とは打って変わり、どこから集まってきたのか大勢の来街者で十番大通りがあふれ返っている光景に仰天した記憶があります。

この年の納涼大会にはもうひとつ、「大名行列」という目玉がありました。

商店街の人々が大名、露払い、太刀持ち、腰元などに扮し、総勢五十名ほどの規模で十番大通りを行列するというもので、しながわ宿場まつりの「おいらん道中」を先取りしたような先駆的なイベントでした。小学生ながらテレビ時代劇の『素浪人・花山大吉』（近衛十四郎主演）に心酔する時代劇ファンだった私も、我先にと沿道の最前列に陣取って大名行列を見物しましたが、残念なことに大名に威厳がなく、行列の足並みもバラバラで、いたく落胆したことを憶えています。発想はすばらしかったんですけどね……。

しかし、この大名行列、大人たちの評判はすこぶる良好でした。マスコミにも取り上げられ、この年の納涼大会の人出は二日間で六万人を突破。翌年には、呼称を現在の「納涼まつり」に改め、麻布十番を代表する名物行事として関東一円にその名を知られる存在となります。

その一方で、平日の昼下がりの十番大通りは人の往来も少なく、あの納涼まつりの賑わいが嘘のようにひっそりとしていました。歩いているのは買いものカゴをさげた地元の主婦がほとんどで、たまに外国人や六本木方面からやってくるTシャツ&ベルボトム姿の若いカップルを見かける程度。当時は商店街に一軒あったパチンコ屋も昼間は閑散としていて、店外へ洩れ出した音の割れた軍艦マーチが哀愁を誘っていました。

こうして十番商店街は名物の納涼まつりだけが有名な、ふだんは活気を失った典型的な近隣型商店街の座に甘んじることになるのですが、その凋落ぶりはオイルショックによる景気低迷をディスコ・ブームで乗り越えた隣街の六本木と好対照をなすものでした。

そして昭和四十四年（一九六九）、乗車率の高さから最後まで健闘していた渋谷と金杉橋を結ぶ最後の都電が廃止されると、麻布十番は「陸の孤島」と呼ばれるようになり、十番商店街もまた長い冬の時代へと突入するのです。

取り残された商店街

都電が廃止される少し前に麻布十番に引っ越してきた私は、戦前はもちろんのこと、昭和三十年代、とりわけ東京オリンピック前後の十番商店街の賑わいも知りません。港区のド真ん中にありながら、赤坂とか青山とは明らかに位相を異にする、時代から取り残された商店街というのが私の第一印象でした。

たとえば、赤坂にはいち早くケンタッキー・フライドチキンがオープンしましたが、十番商店街にはありませんでした。江戸期創業の老舗や戦前から続く商店が軒を並べる十番商店街に、当時はまだ外来種が侵入する余地はなかったのです。そうした守旧的で古くさい雰囲気に少年時代の私はなじめず、晴れの日のショッピングには地元の商店を無視して、渋谷、銀座、青山、赤坂方面へ積極的に出かけていく嫌なガキでした。

冬の時代を通じて、ますます地元住民ユーズオンリーの近隣型商店街へと特化していった十番商店街のご贔屓さんといえば、当然のこと地元で暮らす主婦たちです。

参考までに私の母の平均的な買い物コースを紹介しますと、メインは十番商店街に二軒あったスーパーマーケット――「青楓チェーン」と「ハラストアー」で、いまの感覚でいえば、前者がヨーカドー型（庶民的）、後者が成城石井型（ハイブロー）といった印象。ハラストアーは外国人御用達のインターナショナル・マーケットの先駆けで、洗濯洗剤、シャンプー、ハミガキ粉などの日用品、チョコレートやチューインガムなどの菓子類は輸入品を多数取り揃えていました。少々値は張りますが生鮮食料品なども総じて品質がよく、アーティチョーク、エシャロットなどの耳慣れない食用植物も取り扱っていたような気がします。

魚類などは二軒のスーパーで品定めしてからコスパ優先で購入しますが、刺身だけは鮮魚店の「魚可津」と決まっていました。本マグロの中トロは絶品で、客人を迎えるときなどは大皿持参で刺身の盛り合わせなどを注文していたものです。

日用品や食材の大半は二軒のスーパーで事足りたようですが、鮭の切り身や乾物類は「紀伊國屋」、誕生日やクリスマスのケーキは「モナミ」、サンダルなどの普段履きは「ミクラヤ」、時計の電池交換は「小沢時計店」、文具類は「トミヤ文具」、タバコは「蟹江」といった具合に、品目によっては個人商店もよく利用していました。

このように何の変哲もない近隣型商店街であるにもかかわらず、冬の時代に入っても廃業する店は少なく、シャッター化を免れたことは不幸中の幸いといえるでしょう。その最大の理由は、ほとんどの商店が〝持ち家〟だったことに尽きます。昭和六十年代になると、バブル景気の影響で古い商店が相次いで姿を消していくことになりますが、まだこの頃は高い家賃を払わなくても済む分、一定の固定客さえ摑んでいれば、それなりに経営は成り立っていたのでしょう。

およげ！たいやきくん

さて、昭和五十一年（一九七六）のことです。冬の時代の真っ只中にあった十番商店街に、降って湧いたような幸運が訪れます。きっかけは、『およげ！たいやきくん』の大ヒットでした。

前年の十二月、フジテレビの子供番組『ひらけ！ポンキッキ』で流れていた『およげ！たいやきくん』がレコード化されると、みるみるうちにヒットチャートを駆け上がり、翌年には〝たいやきくんブーム〟が日本中を席捲。レコードの売上はすさまじく、発売前の予約だけで三十万枚を突破し、発売当日には十万枚を完売。トータルで五百万枚を売り上げたといいますから、いまの嵐やAKB48を凌ぐ勢いでした。

この曲の主人公はタイトルどおり〝たいやき〟で、ある日、鯛焼屋のオジサンと喧嘩して本物の海に飛び込んではみたものの、釣り針に引っかかり、最後は釣り人にパクリと食べられてしまうという哀しいストーリー。たいやきくんの置かれた境遇が、エコノミックアニマルと揶揄されていた日本の企業戦士の姿と見事にダブり、子供から大人までがこの曲を熱唱したものでした。

子供ソングが作者の思惑を超えて幅広い世代に波及していき、レコード化されて大ヒットするというパターンはそれほど珍しくありません。『黒ネコのタンゴ』（二六〇万枚）、『だんご三兄弟』（二九〇万枚）などのヒット曲もそうした系譜にあたりますが、『およげ！たいやきくん』のセールス記録はいまだに破られておらず、当時の過熱ぶりが窺い知れます。

ここで話を十番商店街に戻しますと、「たいやきくん」で描かれた鯛焼屋のオジサンのモデルが十番商店街にある鯛焼専門店「浪花家」の店主、神戸守一さんであることがマスコミを通じて喧伝されると、たちまち麻布十番は〝たいやきくんの街〟として注目されるようになり、鯛焼を求める客が東京一円どころか全国から押し寄せるようになります。

くだんの「浪花家」は明治四十二年（一九〇九）創業の老舗で、初代店主が大阪出身だったことから屋号に浪花を冠することに。一説には、この店が鯛焼の発祥ともいわれ、二代目店主は戦時中、焼き型を土中に埋めてから応召したという筋金入りの鯛焼職人だったといいます。

浪花家では現在も重さが二キロもある昔ながらの「一丁焼き」の焼き型を使用しているのが特徴。これは全国的にも珍しく、大抵の店が一度に大量生産できる鉄板タイプの焼き型を使っているのに対して、浪花家の鯛焼は伝統の焼き型で一匹ずつ手焼き。ちなみにマニアの間では、前者を「養殖もの」と呼び、後者を「天然もの」の鯛焼と称してたいそう珍重しているそうな。

たいやきくんブームに沸いていた頃の浪花家の繁昌ぶりは、たしかにスゴイものでした。最盛期には店先にできた行列が延々と二十メートルぐらい伸びていた記憶があります。いきおい店主の神戸さんはテレビや週刊誌などで頻繁にとりあげられ、一躍〝十番商店街の顔〟として名を馳せるようになります。当時の印象では、商店街全体はいまひとつ覇気に欠けているのに、浪花家だけはいつも大勢の人だかり。そうした光景に、地元住民はどちらかというと冷淡な態度で接していたように思います。

しかしながら、浪花家の鯛焼が日本全国からやってきた大勢の来街者たちに支持された理由のすべてを、たいやきくんブームに押しつけようとは思いません。たとえブームに便乗したとしても、商品そのものが不出来だったならば、その店は消費者から手痛いしっぺ返しをくらうことになるからです。

つまり、そもそも旨かった浪花家の鯛焼がたいやきくんブームの波に乗り、その味がタイミングよく日本全国に喧伝されたのではないか、というのが私の見方です。当時の浪花家の繁盛ぶりを商店街の人々が割と冷めた眼で眺めていたのは、その味と品質に私たちがまだ気づいていなかったからなのかもしれません。

九年前になくなった父の守一さんから伝統の技を受け継いだ四代目当主の神戸将守さん（姉の同級生でもあります）も一徹の鯛焼マエストロ。小豆の一粒一粒にまで砂糖が染み込むよう、八時間もかけて煮込み、さらにそれを一晩寝かせたものを餡に使用するというこだわりよう。

あの日本中が熱に浮かされたような異常な日々が去って久しい今日、浪花家總本家（現在の店名）が依然として繁昌を続けている真の理由——それは、たいやきくんブームの余波や、マスコミへの露出度の高さ以上に、伝統の製法を死守してきた神戸さん父子のたゆまぬ努力にあるような気がするのです。

その意味で、たいやきくんブームの渦中でいちばん困惑していたのは、神戸守一さん自身だったのかもしれません。

ミラクル80

たいやきくんブームで注目された十番商店街でしたが、やがてブームが鎮火すると、いつもの静かな商店街に戻りました。世間から注目されたことは商店街にとってけっしてマイナスにはならなかったにせよ、盛り上がったのはあくまでも浪花家の話であって、商店街全体が潤ったわけではありませんでした。ブームが去っても浪花家の名は世の人々に記憶されたけれども、十番商店街に対する人々の印象が大きく覆されることはなかったのです。

そんな十番商店街がふたたび人々の脚光を浴びるようになるのは、昭和五十五年（一九八〇）のことでした。はからずも、この年に重なって起きた二つの出来事が相乗効果となって、にわかに麻布十番と十番商店街が注目されることになったのです。十番商店街の歴史を語るうえで、この年の出来事はまさに〝奇跡的な事件〟と称しても過言ではなく、ゆえに私はこの年を「ミラクル80」と呼んでいます。

一之橋から十番商店街を入って一五〇メートルほど進むと、マクドナルドの左隣りに大きな間口のお店がすぐ目に飛び込んできます。明治四十二年（一九〇九）創業の「総合洋品ニシモト」です。このお店、外観からして昭和の香りを漂わせており、店内には肌着、靴下、タオル、寝装品などを中心におよそ四万点もの日用衣料品が所狭しと陳列されています。かつての商店街にはこうした気取らない衣料品店が必ず一軒はありましたが、昨今はスーパーや大手量販店の進出によって廃業に追い込まれるか、少し高級なイメージのブティックに改装するかして、昔ながらの衣料品屋さんがめっきり少なくなってしまいました。それだけに、この店の存在は貴重でもあり、十番商店街を代表する老舗として永続してくれることを切に祈らずにはいられません。

このお店の四代目店主が御年七十二歳の西本良一さん。現在も商店街振興組合の理事を務めるばかりか、長年にわたって十番商店街の発展に心血を注いできた老舗旦那衆の一人でもあります。そして、先に書いた「ミラクル80」の一方の首謀者（失礼！仕掛け人）が、他ならぬ西本さんなのです。

昭和五十年代当時、組合の下部組織である青年会の会長として辣腕をふるっていた西本さんにとって、喫緊の課題は十番商店街の活性化でした。

このまま現状に甘んじていたら、十番商店街は六本木の背後に隠れたローカル商店街として、衰退の一途をたどることになるだろう。そう考えた西本さんは、商店街活性化のカンフル剤として、名物行事である納涼まつりに着目します。

すでに何度も述べているように、毎年八月に開催される納涼まつりは東京一円から六万人もの人々を集める十番商店街の名物イベント。その内容は十番大通りに並ぶ二百店もの露店や屋台と、のど自慢大会や大名行列など、趣向を凝らした目玉企画との二本柱で構成されていますが、もっと麻布十番らしさをアピールできる企画はないか、と西本さんは考えました。

麻布十番の坂上に大使館が集中していることは前述しましたが、商店街にも外国人の顧客は多く、西本さんのお店にも外国人のお得意さんが何人もいました。そこで、一計を案じた西本さんは、付近の大使館を訪ねてまわり、各国の料理や特産品を納涼まつりに出品してくれるよう直談判したのです。

「麻布十番らしさということを考えたときに、十番商店街には江戸時代から続く老舗があり、下町的な人情もある。それから外国人が多く住んでいるということで、国際性だろうと。つまり、下町情緒と国際性が麻布十番の特徴なんですね。そこで青年会で話し合って、国際性をアピールするようなイベントということで、国際バザールを企画したわけです。各大使館の受付には日本語のわかるスタッフがいますから、まずその方に私が日本語で書いた趣意書を渡して、出店を検討してもらうことにしました」

西本さんはじめ青年会メンバーの熱意が伝わったのか、パキスタン、オーストリアなど十カ国以上の外国大使館が参加を快諾。昭和五十五年（一九八〇）の納涼まつりで最初の国際バザールが実現しました。

また、このときの模様がＮＨＫの番組や新聞などで紹介されたことで、麻布十番の身上である「下町的なイメージと国際性」は若者層にも広く認知され、回を重ねるごとに国際バザールの規模も大きくなって、来街者の数も右肩上がりに。西本さんら青年会の企ては、みごと図に当たったのでした。

こうして十番商店街の新たな名物となった国際バザールは、のちに会場を一ノ橋公園に移し、さらにスケールアップ。しかし、平成二十二年（二〇一〇）、先述した古川の治水工事で一ノ橋公園が閉園になったため、この年以降、国際バザールは開催されていません。いまのところ再開のメドは立っていませんが、いまや東京を代表する夏の風物詩として、二日間で四十万人の来街者を集めるようになった十番商店街の納涼まつりに、国際バザールの復活を望む声も少なくないようです。

クリスタル族

十番商店街に「ミラクル」をもたらした、もう一人の功労者が田中康夫さんです……といったら、読者のみなさんはビックリするでしょうか。作家で、長野県知事や国会議員も務めた、あの〝ヤスオちゃん〟です。

昭和五十五年（一九八〇）一月、当時まだ一橋大学の四年生だった田中康夫という大学生が書いた『なんとなく、クリスタル』という奇妙なタイトルの本が河出書房新社から出版されると、瞬く間に出版界の話題を独占し、百万部を超えるベストセラーに。おまけに同作はその年の文藝賞を受賞し、翌年には芥川賞の候補にもなったのです。

東京でファッションモデルをしている女子大生の日常生活を描いた小説で、私も発売直後に読みましたが、ストーリーらしきものは稀薄。というよりも、全篇これブランド・ショップやレストランのカタログで、正直いって、どこがオモロイのか、さっぱりわかりませんでした。

ところがこれ、女子大生や若いＯＬさんにめっぽうウケまして、小説の主人公よろしくブランドのファッションに身を包み、作中に登場するショップやレストランなどを歴訪する女性たちが急増。ひところ流行したアンノン族になぞらえて、彼女たちは「クリスタル族」と呼ばれました。

さて、この話題のベスセラー本に麻布十番が登場したことから、クリスタル族――つまり、どうみても当時の十番商店街には場違いな二十歳前後の女性たち――が連日、十番商店街を闊歩するようになったのです。ちなみに、『なんとなく、クリスタル』に登場する麻布十番は、わずか三行。該当部分を引用してみます。

「散歩をするなら、有栖川公園から元麻布の西町インターナショナル・スクールを通って、オーストリア大使館の横は暗闇坂を下り、麻布十番へ出るとか、白金の自然教育園を歩くのもいい」

さらに、この作品の真骨頂は、文中に登場する地名やショップ名などに詳細な脚注が施されていることで、本文よりもこの脚注部分のほうが断然おもしろい。麻布十番の脚注は次のとおりです。

「麻布十番　鯛焼き屋、豆屋の横に、ハラ・ストアーなる外人向けスーパーもある街」

なんと麻布十番をたった三十二文字で説明してしまうヤスオちゃんの才気。豆屋（たぶん豆源のこと）の横にハラ・ストアーがあるという荒唐無稽なイマジネーション。これは小説ですから、たとえ事実と異なることを書いても許されるのです。かのモーパッサンも「真実はときどき事実らしく見えない場合があるから、作家はその真実らしさのために、しばしば事実を訂正しなければならない」という名言を遺しているじゃないですか。たぶんヤスオちゃんも、真実を描くために事実を少しだけ訂正したのでしょう。

そのように考えてこの一文を読むと、これほど麻布十番という街のエッセンスを端的に抽出している文章はない……と思えてくるから不思議です。畢竟、田中康夫先生が伝えたかったのは、豆屋と外人向けスーパー、すなわち下町的なイメージと国際性が同居している街が麻布十番なのだ、ということだったのです（と、私は解釈しております）。

それにしても、豆屋の横に外人向けスーパーがあるという場面設定のシュールさに、私などは惹かれてしまいます。そんな街があるのなら、一度は行ってみたいと思ってしまうクチです。たぶんクリスタル族の女性たちも同様な想いを抱いて、有栖川公園から西町インターナショナルスクールのまえを通り、暗闇坂を下って十番商店街に歩を進めたことでしょう。そこで、驚きの声をあげたことは想像に難くありません。たとえば、こんなふうに。

「嘘ッ！　信じられない！　六本木の〝奥〟に、こんなレトロな商店街が残ってるなんて。タイムマシンにでも乗ってきちゃった感覚！」

これは、小中学校時代の同級生、上原クンがその当時ちょくちょく耳にしたクリスタル族たちの嬌声でした。生粋の十番ッ子である彼にしてみれば不愉快きわまりない発言であり、「うるせえ！俺っちの商店街をレトロとか、六本木の奥とかいうんじゃねえ。このスカタンが！」などと、心のなかで呪詛の言葉を何度も吐き捨てたといいます。やはりその当時に目撃した、最先端のファッションで完全武装したA山学院やG習院の女学生とおぼしき令嬢たちが、浪花家の店頭で鯛焼を頬張っていた光景も、いまだに上原クンの脳裏から離れないそうです。

というわけで、奇しくも同じ昭和五十五年（一九八〇）に、国際バザールとクリスタル現象の相乗効果によって、若者たちの注目の的となった十番商店街ですが、留意すべきポイントは「若者たち」にあります。戦前や戦後間もなくの麻布十番を知る大人たちが、懐古趣味から麻布十番に足を運ぶようになったのではなく、若者たちが麻布十番に目を向けるようになったことに、実は重要な意味があったのです。

当時の若者世代にとっての麻布十番は、下町的イメージと国際性が共存するハイブリッド・タウンであると同時に、六本木というハイセンスな繁華街の奥に、時代から取り残されたようにひっそりと佇む「異界」そのものでした。異界を「非日常の世界」と言い換えるならば、最先端の流行や風俗の発信基地である六本木や青山で遊ぶのが彼らの日常であり、麻布十番や十番商店街はその対極に位置していました。

そうした非日常の世界で若者たちが目撃したもの、それは、まるで昭和三十年代にタイムスリップしたような古風な商店街のたたずまい。西洋文化が息づく坂上の高級住宅街と坂下の商店街とに二極化された風景を、ある種のカルチャーショックと驚きをもって見つめたことでしょう。古くて新しい非日常空間の発見――それが若者たちにとっての麻布十番と十番商店街だったのです。

マハラジャ旋風

交通不便な「陸の孤島」ゆえに来街者や企業の進出を阻み、時代に乗り遅れた商店街として長らく停滞を余儀なくされてきた十番商店街ですが、むしろ進化しなかったことで若者たちの好奇心を喚起し、商店街が賑わいを取り戻すキッカケになったとすれば、なんとも皮肉なことです。

ともあれ、こうして昭和五十五年（一九八〇）以降、テレビ番組やタウン誌などで頻繁に紹介されるようになった十番商店街は、ようやく長い冬のトンネルから抜け出ることになります。

しかし、マスコミが伝える十番商店街のイメージは判で捺したように固定化されており、「下町の雰囲気と西洋の文化が融合」「老舗の多い商店街と大使館が多く集まる国際色豊かな街」といった表現に終始していました。事実、来街者の大半は古風な商店街のたたずまいに惹かれて十番商店街にやってきたのです。

しかし時代の波は、十番商店街がいつまでも古風なたたずまいのままで留まっていることを許しませんでした。これまた皮肉なことですが、昭和三十年代以降、変化らしい変化のなかった、より正確に記せば、変化しようにもその方向性すら見つからなかった十番商店街が、否も応もなく変化せざるを得ないのっぴきならぬ事態に追い込まれることになるのです。

昭和五十九年（一九八四）、日本のディスコ・シーンに革命を起こしたといわれる「MAHARAJA TOKYO」（以下、マハラジャ）が環状三号線沿いの十番稲荷神社近くにオープン。六本木のランドマークともいえるディスコがついに麻布十番に進出してきたのですから、地元住民の感情には複雑なものがありました。当時の心境を十番界隈に住む旧友や知人たちに訊ねてみると、ディスコ反対派と容認派に大きく分かれます。容認派の共通した意見は、「麻布十番にはこれといったプレイスポットもないし、商店街にしたって蕎麦屋（永坂更科）と鯛焼屋（浪花屋総本店）と豆源だけが有名になっただけで、これといって面白いものはない。ディスコができれば十番も賑やかになっていいと思った」というもの。

他方の反対派は、「ディスコなんかができたら夜はうるさくなるし、風紀だって乱れるから絶対に反対。静かな麻布十番が六本木みたいに騒がしくなるのが、とにかく嫌だった」という意見がほとんどでした。もっとも、彼らの大半はオープンしてはじめてマハラジャの十番進出を知ったといいますから、悠長なものです。

一方、十番商店街にとっては事情がかなり違ってきます。悠長どころか、自分たちのテリトリーに外来文化が侵食してきたのですから、これはもう黒船来航以来の一大事といっても過言ではなく、商店街全体がパニックに陥り……と思いきや、けっしてそんなことはありませんでした。ある商店主の回想です。

「マハラジャっていわれても、わたしらピンときませんでした。ディスコなんて行ったこともなかったしね。若者に人気があるってことぐらいしか知らない。そんなディスコが一軒できたからって、なんとも思わなかったなあ。商店街のド真ん中だったら話は別だけど、（環状）三号線の方だったら問題ないんじゃないの……って、その程度の認識でした」

当初はこのようにデンと構えて静観していた商店主たちも、連日のマスコミ攻勢によって〝マハラジャ旋風〟が捲き起こると、さすがに安閑とはしていられなくなります。それほど最盛期のマハラジャ人気はすさまじかったのです。

日本一と謳われた贅を尽くした店内装飾、選ばれたセレブたちのための超ゴージャスなＶＩＰルーム、お立ち台で踊る洗練された美女たち――ディスコの潮流を変えたとさえいわれた新たな不夜城をめざして、ブランド・ファッションできめた若者たちが連日連夜、麻布十番に押しかけ、深夜になってもマハラジャ周辺は若者たちであふれました。

この集団のなかには、マハラジャの客だけでなく、ドレスコード（服装チェック）でハネられて入店できなかった者や、満員のために入店を断られた者も多く、そうしたアブレ客を当て込んだ深夜営業の飲食店がマハラジャの周辺に相次いでオープンします。

いまも昔も、麻布十番は昼間の街です。夜の十時を過ぎると、商店街も住宅街も、ここが東京の港区であることを忘れるほどに静まりかえり、そこが麻布十番の魅力にもなっていたのです。

マハラジャ人気が沸騰してくると、さらに眉を顰めたくなるような出来事が頻発します。始発の交通機関を待つディスコ帰りの若者たちが十番商店街まで繰り出し、大声を出す。閉店した店のまえに座り込む。ゴミを捨てる。高級外車を所かまわず路駐する……などはまだマシなほうで、夜通し騒いだ翌朝に、近くの東洋英和の女学生たちにちょっかいを出すといった由々しき事件も出来。こんなことはかつての麻布十番になかったことでした。

こうした事態を受けて商店街組合では、夜の見回りや、夜十一時以降は営業しないよう加盟各店に働きかけるなどの対応策をもって治安の回復に努めましたが、根本解決にはいたらなかったようです。それももっともなことで、許可を得て正規営業しているディスコを営業停止にすることはそもそも不可能であり、界隈の飲食店に深夜営業の自粛を呼びかけたところで、組合に加盟していない店には効力が及ばないわけですから、どうしても消極的な対応に終始せざるを得なかったのです。

いま振り返ってみると、バブル前夜のこの時期は、変化のなかった（進化の停止した）麻布十番という街が、驚くべきスピードで変容していく過渡期の入口に当たっており、マハラジャという外来文化の侵攻は、その象徴的な出来事ということもできます。

折からのマンション・ブームを背景に、坂上の台地には〝億ション〟といわれるハイクラスのマンションが建ち並び、都内屈指の高級住宅街としてのステータスを不動のものに。坂下の雑式通りのビル化が急ピッチで進んだのもこの頃で、ビルのテナントには小洒落たレストランやバーが次々にオープンして、大人の隠れ家として注目されるようになります。

こうした新しい波は、十番商店街のメインストリートである十番大通りを取り囲むように押し寄せました。その結果、環状三号線沿いや、雑式通り沿いに進出してきたトレンディな店々がレトロな商店街を包囲するような形で併存するという、見た目にも不思議な景観を生み出すことになったのです。

マハラジャがオープンした翌年（昭和六十年）は、地下鉄「麻布十番駅」の開業が本決まりになった年でもありました。十番商店街は昭和五十八年（一九八三）に東京都の「モデル商店街」の指定を受けて、近代化計画に沿ったプロジェクトに着手したところで、商店街の近代化は、地下鉄駅開業に備えた環境整備としても好都合であり、まさに時機を得たプロジェクトでもありました。

この近代化計画によって、昭和六十一年（一九八六）、十番大通りの一本裏手に平行する緩い坂道の「坂とも広場ともつかない場所」が整備され、地元住民や来街者のための憩いスペース「パティオ十番」が誕生。

そして、この年から日本全国に吹き荒れたバブル景気に、麻布十番や十番商店街も巻き込まれることになるのです。

バブル景気

麻布十番エリアにおける地価の高騰化は、昭和五十年代末から見られましたが、バブル景気がこの傾向に拍車をかけます。ちなみに、バブル前とバブルの絶頂期を比較すると、地価はおよそ八倍も上昇。バブルを象徴する繁華街、六本木では地価がおよそ十倍に跳ね上がりました。さらに地下鉄の開通決定が土地の思惑買いを促進し、麻布十番エリアには巨額な不動産資金が流れ込むことになったのです。

こうした地価高騰を背景に、土地家屋を手放して十番商店街を出て行く店舗経営者も現れました。後継者がなく、将来性が期待できない店舗は、地価が下がるまえに商売に見切りをつけたほうが得策と判断したようですが、これはこれで筋が通った話ではあります。

とはいえ、転出組が増え、その跡地に〝外来種〟が大挙して流入するような事態になれば、十番商店街の〝生態系〟は確実に崩れることになります。すでにマハラジャの侵攻でアイデンティティー喪失の脅威にさらされていた商店街組合では、移転組を最小限に抑えるべく行動を開始。振興組合の現会長、須永達雄氏の証言です。

「店舗をテナント・ビルやマンションに建て替えるのは仕方がない。ただし、十番商店街を出て行くことだけはやめてください、とお願いしてまわったんです。昔から十番商店街は店舗相互の連帯で成り立ってきました。それが崩れるのが怖かったし、十番商店街を六本木のような繁華街にしてはならないというのが組合の統一見解でした」

こうした組合の努力が実り、少なくとも十番大通りにおいては転出組を最小限に食い止めることに成功。その一方で、平屋の店舗からビルに建て替える商店も増え、大半は一階を店舗に、二階以上を家族の住居やテナント、貸し室に充てていました。なかには、自家の商売は廃業して一階をテナントに、上階を自宅スペースと貸家にしている商店主もいますが、商売をやめても組合活動に参加している元商店主も多いので、幸いにも商店街のコミュニティが崩れることはありませんでした。

また、十番商店街以外のエリアにもバブル景気の猛威は吹き荒れました。

バブルが終焉を迎えた平成三年（一九九一）以降、麻布十番三丁目を中心に駐車場や資材置き場などが急増しましたが、これもバブルの影響によるもので、そうした土地の大半は地上げによって買収したものの、急激な地価下落によって用途が決まらないまま放置されていたものです。

その後、これらの未利用地には地下鉄開通に合わせて次々と高級マンションが建てられ、十番エリアの人口も増加の一途をたどります。

マンション住民のほとんどは外資系企業のビジネスマンやデザイナー、フォトグラファーなどの横文字職業に従事する人々、芸能関係者などの高額所得者でした。十番商店街はこれらの富裕な転入者をも顧客に取り込み、バブル崩壊後も好調な売上を維持していきます。

バブルの猛威が去ると、こんどは地下鉄駅開業による「マイナス面」を憂慮する声が商店主たちの間から聞かれるようになります。辛うじて十番大通りの〝生態系〟だけは死守したものの、地下鉄が開通すれば、今まで以上の来街者が麻布十番を訪れることになります。

それ自体は歓迎すべきことかもしれませんが、十番大通りを包囲するように増殖していた飲食店のほとんどは麻布十番に地縁のない〝外来種〟であり、彼らはコミュニティを破壊する侵略者にもなり得る存在だったのです。

昭和レトロ商店街の消滅

バブル後の十番商店街では、地下鉄駅の開業に向けての環境整備、東京都の助成を受けた近代化計画にますます拍車がかかります。

バブルが終焉した平成三年（一九九一）には、昭和三十三年（一九五八）以来、地域住民に親しまれてきたアーケードが消滅。アーケードといえば、昭和の商店街のシンボルであり、雨の日でも傘をささずに買い物できるというメリットがありました。

しかし、バブル期を契機に店舗のビル化が進むと、アーケードは一転して、ビルの高層化や商店街の機能を阻害する無用の長物に成り下がってしまったのです。都内では、人形町や神田すずらん通りなどの商店街も、いち早くアーケードの撤去に踏み切っていました。

さらに、平成五年（一九九三）のパティオ通りを皮切りに、四年の歳月を費やして、十番大通りと雑式通りのモール化を実施。電柱が取り払われた石畳の歩道に、おしゃれな街路灯。電線がなく、大きく開かれた空。さまざまな国籍の買い物客が普段着で闊歩する図は、横浜の元町商店街を彷彿とさせます。

不動産用語集によると、「モール」とは〈散歩道風に両側に小売店が並び、木が植えられてベンチなども配した歩行者専用の商店街のこと〉とあります。商店街の店舗経営者たちが、顧客である地域住民や来街者の利便を最優先し、環境整備に注力するのは当然のことかもしれません。しかし、十番商店街が近代化を成し遂げるためには、その身上でもあった昔懐かしい昭和の風景が醸成する、特異な視覚的魅力を犠牲にせざるを得なかったのです。

かつての場末感がプンプン漂う十番商店街に親しんだ私などからすると、近代化した十番大通りのなんともいえない〝よそよそしさ〟が好きになれませんでした。これを組合理事の一人にぶつけてみると、

「昔はよかったっていう声はよく聞きますけど、お客さまに気分よく買い物を楽しんでもらうために、改善すべきところは改善する。近代化っていうけれども、心根まで近代化するわけじゃない。十番商店街はあくまでも十番商店街であって、六本木ではないんです」という答えが返ってきました。

心根まで近代化するわけじゃない——。

このコメントは意味深長です。つまり、十番商店街の人々にとって「伝統の保持」とは、けっして店舗の外観や街路の意匠を保存することではなく、むしろコミュニティの墨守にあったのです。それこそが十番商店街の身上であり、生き残りの道であることに彼らは気づいたのでした。

コミュニティというのは、つまるところ〝向こう三軒両隣〟はもちろん、商店街全体がひとつの家族であるという下町的な考え方です。戦後の復興期以来、脈々と受け継がれてきた商店街組合の結束力の強さは特筆に値しますが、地下鉄駅の開業をまえに、十番商店街は新たな目標を掲げます。それは、「麻布十番を六本木のような繁華街にしないこと」でした。

これはいったいどういうことなのでしょうか？　先の組合理事のコメントです。

「経営者の顔が見えないような繁華街にはしない、ということなんです。十番商店街に限らず、本来の商店街は地域のお客さんを第一に考えた対面販売が基本です。店にいらしたお客さんとは最低五分は話をする。天気の話だったり、子供や孫の話だったり、話題はいろいろですけど、この時間がとても大切なんですね。ただモノを売ればいいんじゃなくて、この五分間の会話がお客さんと店員、お客さんと経営者の心をつなぐ。いまでも十番商店街には下町情緒があるといわれる理由も、このへんにあるんじゃないですかね」

六本木や青山には最先端の流行を発信する繁華街としての磁場があり、十番商店街にもこの街ならではの伝統と人情がある。「それを守り、後世へ伝えていくのが私たちの仕事でもある」と、この組合理事はいいます。

地下鉄開通と「十番ルール」

二十世紀最後の平成十二年（二〇〇〇）は、麻布十番と十番商店街にとって永く語り継がれるであろう記念すべき年となりました。

この年の九月二十六日には東京メトロ「南北線」が、十二月十二日には都営地下鉄「大江戸線」の麻布十番駅がそれぞれ開業の日を迎え、最後の都電が廃止された昭和四十四年（一九六九）以来「陸の孤島」と揶揄されてきた麻布十番の歴史に、新たな一頁を加えることになったのです。

地下鉄の開通によって、一日五万人前後の乗降客が麻布十番駅を利用するようになりました。これにより十番商店街の来街者は三割増に、一店舗あたりの売上も平均三割増えたといいます。さらに平成十五年（二〇〇三）に「六本木ヒルズ」がオープンすると、六本木方面からも大勢の来街者が流入。長い冬の時代を乗り切った十番商店街は、ようやく我が世の春を迎えたのでした。

しかし、「月に叢雲、花に風」とはよくいったもので、これにて一件落着というわけにはいきませんでした。先述した地下鉄駅開業に伴う「マイナス面」が顕在化してきたのです。

バブル崩壊後、十年ほど続いた平成不況が回復期に入り、麻布十番の地価にふたたび上昇傾向が見られるようになると、土地を売却して十番商店街から転出していく商店主が相次ぎます。

地下鉄が開通しても売上アップに繋がらない最寄品を主体に扱う店や、将来的な展望が望めない店、後継者の見つからない店などは、ここらあたりが潮時と判断したのでしょう。これらの店のなかには何十年も地元の人々に親しまれた老舗もあり、息子が私の中学時代の同級生だった電気屋さんや食堂なども、この時期に姿を消しました。

こうした店の跡地にはテナントが多く入居するビルが建ち、外来の新規店が次々にオープンします。そのなかには深夜まで営業する飲食店などもあり、十番商店街が標榜する「昼の商店街」のイメージが損なわれることを憂慮した組合では、平成十八年（二〇〇六）、港区の協力のもとに「十番ルール」を制定。新規店舗の経営者に理解を求めることにしました。

「十番ルール」とは、文字どおり十番商店街の各店舗を対象に定めたルールのことで、次の十箇条から成っています。

㈠麻布十番商店街振興組合に加盟します。
㈡商店街の事業に協力します。
㈢麻布十番のブランドを保ちます。
㈣健康・健全な商店街づくりを進めます。
㈤街並みにあった店づくりに協力します。
㈥歩道上の看板を自粛します。
㈦交通安全に協力します。
㈧きれいで清潔な商店街づくりを進めます。
㈨家庭的な温かな雰囲気づくりを進めます。
㈩魅力ある商店街づくりを進めます。

どの条文も十番商店街の繁華街化を水際で阻止しようという、組合の苦肉の策であることがわかります。なかでも最大のミソは、㈢の「麻布十番のブランドを保ちます」で、この条文には以下の付帯条件が設定されているのです。

「現状では、多くの小売店は、午後八時、飲食店は午後十一時で終了しています。『夜の街』にならないよう品のある麻布十番のブランドを保って下さい」

禁止とか厳禁とかの高圧的なワードはいっさい使わずに、飲食店の午後十一時以降の営業をやんわりとたしなめているのです。つまり、強制ではないけれども、十番商店街に店を出すのであれば、このルールを守ってくださいね、というニュアンス。

しかし、条文㈠「組合に入りましょう」に付帯する文章には次のようなキラーワードが隠されています。

「地下鉄の誘致や地上までのエスカレーター、街路灯や歩道、パティオ広場の整備など組合負担で実現したものです。加盟により『納涼まつり』に出店でき、商店街地図、十番だより、ホームページ等に掲載します」

最大のポイントは「加盟により『納涼まつり』に出店でき」の一文。つまり十番商店街では、原則として組合に加盟していないと恒例の「納涼まつり」に、屋台や露天を出店できない仕組みになっているのです。

十番商店街に新規出店することの大きなメリットのひとつは、「納涼まつり」への参加資格を得ることですから、新規店のほとんどは組合への加盟を検討することになるそうです。しかし、なかには深夜営業を優先する飲食店などもあり、そうした新規店はおのずと組合と距離を置くことになります。

ちなみに港区創造研究所が平成二十九年（二〇一七）に発表したデータをもとに計算すると、十番商店街の組合加入率は五九パーセント。十店のうち四店は組合に加入していないことになり、「十番ブランド」の維持はそう簡単なことではないようです。

コミュニティ崩壊の危機

というわけで、アイデンティティ・クライシスの脅威にさらされたバブル期以降の十番商店街は、六本木化の阻止を目標に「十番ルール」を制定するなど、伝統に根ざしたコミュニティの保持に心を砕いてきました。

しかし、平成三年（一九九一）以降に開業した店舗が全体の七割を占めるようになった現在、店舗間の連帯が醸成する下町的なコミュニティと昼の商店街を身上とする「十番ブランド」の崩壊を危惧する声があがっているのも事実。戦前創業のある三代目店主が胸のうちを明かしてくれました。

「十番商店街は近隣型の商店街だと思っています。あくまでも地域住民の利便を最優先する商店街ということです。でも十年後、二十年後には正直どうなっているかわかりませんね。納涼まつりを見ても、すでに地元のための行事とはいえなくなっています。ただ、私の目の黒いうちは十番商店街を六本木のような繁華街にはしたくない……」

この証言は十番商店街の将来を考えるうえで、とても重要な問題を提起しているように思います。

すでに十番商店街を「近隣型」（地元の主婦が徒歩または自転車などで来街し、主に日用品などを購入するための商店街）と断じるのはむずかしく、十番商店街の伝統性を重んじるとすれば、新規の専門店と長いあいだ地域の人々に愛されてきた老舗や看板店が、ほどよい均衡を保ちながら共存する状態がもっとも理想的です。

しかし、六十歳以上の経営者が三割を超え、後継者の不在が懸念されているいま、「十番ブランド」を維持するにはかなりの困難が伴うことは必至。先行きは現在三十～四十歳の経営者たちの意識にかかっているといえるでしょう。

地域住民に娯楽を提供するために昭和二十年代にスタートした「納涼まつり」も、この二十年で大きく変化しています。来場者数は平成五年（一九九三）に三十万人を越え（現在は二日間で四十万人）、会期中の十番大通りは立錐の余地がないほどの人波で埋め尽くされます。地下鉄の開通後は関東一円から客が押し寄せ、麻布十番駅のホームから洪水のように押し出されてくる人の群れは、驚きをとおり越して壮観ですらあります。

私も毎年、納涼まつりを見に行きます（まさに〝見に行く〟のです）が、来街者の数は年々増え続ける一方で、ピーク時の十番大通りは前進すらままならない状態です。ご存じの方はハロウィーンの渋谷センター街や、隅田川花火大会の日の吾妻橋の上をイメージしてください。〝進むも地獄、退くも地獄〟のすし詰め状態なのです。しかも、年恰好から察するに、通りを埋めている人々の大半はどうみても地元住民とは思われず、ジモティの上原クンなどは「いってぇ誰のための納涼まつりだァ！」と、毒づくことしきり。

東日本大震災の影響で開催中止となった平成二十三年（二〇一一）の翌年から、露天商（テキヤさん）の出店をすべてシャットアウトして以降、原則として納涼まつりに出店している露店や屋台は組合の加盟店と大使館関係、出店申請をパスした業者のみ。それはそれで、いかにも「十番ルール」に則った健全かつ手作り感あふれるイベントとして評価できるのですが、あまりの混雑に肝心の露店に近づけないのでは本末転倒といわざるを得ません。

「毎年、納涼大会の一カ月前になると、頭が痛くなるのよ……」と嘆くのは、雑式通りに店舗を構える、ある高齢の女性店主。商売柄、店の売り上げに変化がないことも悩みのタネですが、それ以上に困惑しているのがトイレ。会期中はトイレを借りにやってくる若い女性たちで引きも切らず、なかには用を足したついでに商品をこっそり浴衣の袂に隠して店を出て行く不届き者もいるとか。

そんなこんなで、売上がアップするわけでもなく、店は公衆トイレ代わりに使われ、おまけに万引き被害には遭うわで、納涼まつりの一カ月前になると憂鬱になり、頭痛に悩まされるのだそうです。

この女性店主の嘆きには説得力があります。けっきょく納涼大会でいちばん儲かるのは飲食店だけで、理容店や美容院にいたっては、納涼まつりの二日間はまったく商売にならないとか。あまりの人出に、お得意さんも二の足を踏んでしまうからでしょう。

納涼まつりの〝弊害〟はまだあります。メインストリートの十番大通りからあふれ出た人々が雑式通り周辺の南側エリアに押し出されるように移動。歩道に座り込んで飲食するのはまだいいほうで、なかには夜中まで酒盛りして大騒ぎする若者たちもいて、地元住民の眉を顰めさせています。

もっとも彼らにも三分の理はあって、屋台や露店でタコ焼きやら焼きそばやらを買っても、それを食べるスペースがない。限られたベンチはすぐに埋まってしまうし、近くの網代公園にも人があふれています。いきおい人通りの少ない歩道を見つけて座り込むか、マンションのエントランスなどに自分たちの座を見つけ、やがてドンチャン騒ぎに発展……という仕儀に相成るわけですね。

一方、こうした暴挙に地元住民も独自の自衛手段で対処。ある商店はウインドウを壊されないようにベニヤ板でバリケードを築き、マンション住民はエントランス前に、警察が規制線を引くのに使うような「KEEP　OUT」「立ち入り禁止」の黄色いテープを張りめぐらせたり、三角コーンを置いたりして、部外者の侵入を防ぐのに必死です。こんど納涼まつりに行く機会があったら、雑式通り周辺のマンションを観察してみてください。まるで事件現場のようなものものしさですから。

今日の麻布十番は明日の麻布十番ではない

というわけで、宿願だった地下鉄も開通し、六本木ヒルズもオープン。にもかかわらず、十番商店街では〝万事めでたし〟とはいかない事情を抱えていることを縷々書き連ねてきました。

江戸期や明治期創業の老舗の将来、コミュニティの稀薄化による繁華街化（六本木化）問題、下町的人情の崩壊危機など、十番商店街がいま、かつてない厳しい岐路に立たされていることは間違いありません。

プロローグで私は、常に変化し、進歩を繰り返すものが伝統であり、十番商店街が断然おもしろいのは、江戸時代創業の老舗と、ヒルズ族の流入により新たに生まれたショップがお互いの利益を侵すことなく共存していると述べました。

いまなお進化を続けている十番商店街にあっては、昨日の十番商店街が今日の十番商店街ではあり得ないのと同様、今日の十番商店街が明日の十番商店街である保証はどこにもありません。進化の方向次第では、外来の新規店が老舗を駆逐してしまう可能性だってゼロではないのです。

果たして、十年後、二十年後の十番商店街は、いったいどんな進化を遂げているのでしょうか？

十番商店街の未来に少なからぬ影響を与えるであろうエポックが七年後に迫っています。

麻布十番の隣町である三田一丁目エリアで最後まで再開発に反対していた旧三田小山町の西地区に令和八年（二〇二六）、最先端の高層タワーマンション街が誕生することになったからです。

東京ドームの半分強に相当する敷地には、地上四十五階建ての超高層タワーマンションをふくむ三棟の巨大集合住宅が建設される予定で、これが完成すれば同時に千三百戸もの居住スペースが生まれることになり、その居住者のほとんどが十番商店街の新たな顧客となります。

果たして、十年後、二十年後の十番商店街は、どんな進化を遂げているのでしょうか？

第四章

描かれた麻布十番

昭和 30 年の麻布中央劇場（右）と麻布映画劇場（左）
（遠藤幸雄『麻布十番を湧かせた映画たち』より

新広尾町はいま

永井荷風『日和下駄』、野口冨士男『私のなかの東京』、永井龍男『酒徒交傳』など

麻布十番は小説に不向き？

戦前は東京屈指の盛り場として盛名を馳せていた麻布十番ですが、意外なことに、ズバリ麻布十番を舞台にした文学作品はそれほど多くありません。

麻布十番をふくむ旧麻布区エリアに縁のある文人には、島崎藤村や永井荷風をはじめ、樋口一葉、岩野泡鳴、長与善郎、北村透谷、千家元麿、志賀直哉、広津柳浪、正宗白鳥、北原白秋、梶井基次郎、小山内薫、岡本綺堂、川端康成、和田芳恵……等々、錚々たる顔ぶれが並んでいる割には、いざ十番を舞台にした小説を探してみると数えるほど。

比較するのは酷かもしれないけれど、同じ盛り場でも久保田万太郎、川端康成、武田麟太郎、高見順らが好んで浅草を小説の舞台に選んでいるのと大違い。花街があったとはいえ、坂の上に屋敷町が控える山の手の新興繁華街だった麻布十番にはドラマ的な風趣が乏しく、住むには良いけれど

も小説の舞台には適さなかったのかもしれません。

机辺の『港区文化財のしおり』（港区教育委員会発行）を見ても、麻布エリアに掲載されている文人ゆかりの地は「島崎藤村旧居跡」（麻布台三－四－十七）、「永井荷風旧居《偏奇館》跡」（六本木一－六）、「志賀直哉居住の跡」（六本木四－三－十三）の三点のみで、なんともお寒い限り。

台地と低地と坂からなる麻布という土地の特異なコントラストを愛した荷風は、『断腸亭日乗』『日和下駄』『おかめ笹』などに麻布界隈の実況や風俗を頻繁に書き込んでいるし、大正七年（一九一八）から昭和十一年（一九三六）まで当時の飯倉片町三十三番地で暮らし、この地で畢生の大作『夜明け前』を脱稿したという藤村も、『飯倉付近』（『大東京繁昌記・山手篇』所収）などの随筆集のなかで麻布狸穴町や鼠坂（麻布狸穴町五十八）の様子をリアルな筆致で綴っています。麻布界隈ゆかりの文人というと、いつもこの二人の名が挙がるのもうなずけます。

その逆に、あまり話題にのぼらない文人の筆頭が小林多喜二。

昭和七年（一九三二）のプロレタリア文化団体への大弾圧を機に、特高（特別高等警察）から追われて地下活動に入った多喜二は、南麻布の浄土真宗の寺「稱名寺」の境内で伊藤ふじ子と暮らしはじめ、その後、麻布新網町（現・麻布十番一丁目）へ移ります。当時の多喜二がたびたび密会に使ったのが十番商店街にあった青果店「ヤマナカヤ」（明治十五年［一八八二］創業）のパーラーで、この店は昭和五十年代まで十番商店街の入口（現在のオスロコーヒーのあたり）にあり、地元住民に親しまれていました。

そういえば、オウム真理教の幹部だったMの隠れ家は麻布十番にあったそうだし、樋口一葉研究のオーソリティとしても名高い小説家の和田芳恵も借金取りから逃れるために麻布森本町（現・東麻布二丁目と一丁目の一部）に隠棲していた時期があったぐらいだから、繁華な商店街とは対照的な十番周辺の入り組んだ路地裏には、逃亡者たちを惹きつける迷宮のカオスがあったのかもしれません。

一方、十番界隈が登場する数少ない小説のなかでも、私の愛読書になっているのが後述する高見順と、永井龍男の作品群です。

昭和五十二年（一九七七）、池田満寿夫の『エーゲ海に捧ぐ』の芥川賞受賞に反対、同賞の選考委員を辞任したことでも知られる小説家・随筆家の永井龍男（一九〇四〜一九九〇）。永井が一之橋交差点に近い麻布区新広尾町一丁目の古川沿いに建つ四軒長屋に、母親とともに引っ越してきたのは昭和四年（一九二九）の暮のことでした。

後に永井が叙した『酒徒交傳』によると、この長屋のオーナーは新広尾町の大地主だった青山八郎右衛門で、永井の隣室には八郎右衛門の次男の青山二郎（美術評論家）が住んでいました。後年、高等遊民として名を馳せる二郎の部屋には、小林秀雄、中原中也、河上徹太郎、三好達治、大岡昇平といった錚々たるメンバーが昼夜を問わず出入りし、永井も夜ごと古川に張り出した窓縁を伝って二郎の部屋にやってきては、彼らと酒を酌み交わし、談論に花を咲かせたといいます。

昭和九年（一九三四）に鎌倉へ転居するまで麻布の地で暮らした永井には（途中で麻布永坂町に移転）、

そのものずばり『麻布』という短編もあり、昭和初期の麻布十番とその界隈の様子が詳述されています。当時は善福寺の墓地から、芝の海や増上寺一帯の鬱蒼とした森が一望できたといいますから、一度そんな時代へタイムスリップしてみたいものです。

さて、四軒長屋のあった旧新広尾町一丁目は、都道415号（麻布通り）と古川に挟まれた細長のエリアで、第二章で触れた十番初の高層住宅「ツイン一ノ橋」の真裏にあたります。

この地にいまも残っている古川沿いの児童公園は、十番小僧時代の私にはひときわ思い出の深い場所で、その名も「新広尾公園」といいます。

小学校から帰宅すると、たいがいはこの公園へ直行し、悪友どもとキャッチボールに興じ、ブランコや砂場を独占したものでした。もっともこの公園、日曜以外はほとんど人の姿がなく、古川をわたると隣町の三田小山町という、いってみれば麻布十番のどん詰まりで、どす黒い古川の淀みから漂ってくるドブ泥の異臭は凄絶。しかも頭上を覆っている首都高速目黒線のグロテスクな橋ゲタがこれまた筆舌に尽くしがたい圧迫感をあたえており、子供たちに不人気だったのもわかるような気がします。

昭和四十年代の風景が残る町

ところで、私にとって長いあいだ謎だったのが、この公園の名称。なぜ「新広尾公園」なのか？

私が十番小僧だった昭和四十年代、このエリアの住所は麻布十番三丁目でした（昭和五十三年

［一九七八］の住居表示実施で現在の四丁目に変更）。なのに麻布十番三丁目にある児童公園がなぜ「新広尾公園」なのか、当時小学生だった私にはさっぱり理屈がわからず、両親や担任教師に「そもそも広尾は渋谷区にある地名でしょ。違うの？」などと詰め寄っても満足な回答は得られず。

この疑問が氷解したのはずっと後のこと。「港区史」によると、そもそも広尾は現在の渋谷区と港区にまたがっており、明治期になって渋谷側と港区側にそれぞれ割譲されたようです。このうち麻布広尾町は、現在の南麻布五丁目のほぼ全域と南麻布四丁目の一部、渋谷区広尾五丁目の一部でしたが、明治四十四年（一九〇一）に広尾町の飛地だったエリアが独立して「新広尾町」が誕生。町域は一之橋から天現寺橋にいたる古川沿いの狭小地帯（現在の南麻布一丁目〜四丁目の一部、麻布十番四丁目）で、江戸時代までは葦の密生する湿地帯だったそうな。

戦前の古川河畔の情景を知る恰好のテキストに野口冨士男の『私のなかの東京』がありますが、同書には「二之橋へんから先の古川沿岸は、天現寺あたりまで谷底のような地形のために出水にみまわれることが多く」とあり、新広尾町の家屋がたびたび古川の洪水被害に遭っていたことがわかります。

永井荷風も『日和下駄』のなかで、

「其の最も悲惨なる一例を挙げれば麻布の古川橋から三之橋に至る間の川筋であらう。ぶりき板の破片や腐った屋根板で葺いたあばら家は数町に渡って、左右から濁水を挟んで互にその傾いた廂を向ひ合せてゐる。春秋時候の変り目に降りつゞく大雨の度毎に、芝と麻布の高台から滝のやうに落

麻布古川の洪水、二之橋上より川下を望む（明治４年）
（『増補　写された港区三［麻布地区編］』
港区教育委員会、2007 年より）

ちて来る濁水は忽ち両岸に氾濫して、あばら家の腐った土台から軈《やが》ては破れた畳までを浸してしまう」と、洪水被害の甚大さをリポートしています。

古川の氾濫を記録した写真が残っていますが、これを見ると荷風の表現がけっして大袈裟ではなかったことがわかります。地下調節池が完備され、治水技術の進んだ現在からは想像もできませんが、新広尾町の住民にとって古川は悪魔の川でもあったのですね。

イマジネーションの旺盛な読者は一度、小山橋（麻布十番四丁目から三田一丁目に架かる橋）か二之橋の上から、古川の上流を眺めてみてください。いまでこそ穏やかに流れる古川ですが、その川底には悲惨な過去が隠されていることをなんとなく感得できるかもしれません。

また、麻布十番の失われた風景に興味のある方は、ぜひとも麻布十番四丁目に足を踏み入れてみてください。先述した新広尾公園もほぼ五十年前の姿のまま。すぐ脇に建つ「ツイン一ノ橋」の憂愁を誘うバックサイドの景観とあわせて、ぜひとも体感していただきたい裏麻布のハイライトです。

文学で描かれた麻布十番に話を戻しますと、すでに紹介した山口瞳、暗闇坂瞬、野坂昭如のほか、山口正介の『麻布新堀竹谷町』、五木寛之の『風の王国』、神吉拓郎の『二ノ橋　柳亭』、甘糟リリ子の『みちたりた痛み』、時代ものでは池波正太郎の「鬼平犯科帳」シリーズ、風野真知雄の「耳袋秘帖」シリーズにも麻布十番が登場しますので、ご興味のある方はどうぞ。

ちなみに内田康夫の浅見光彦シリーズに『麻布十番殺人事件』はありません。念のため。

落語に描かれた麻布十番

黄金餅《こがねもち》

志ん生の「道中付け」に唸る

故・立川談志は「落語とは業《ごう》の肯定である」という言葉を遺しました。簡単にいってしまえば、「業」とは人間の行為・所業のこと。仏教では人間の行為は必ずその結果をもたらし、また現実にいま起きている事態は必ずそれを生む行為を過去に為していると考えます。すべての物事には必ず原因があって結果がある、つまり因果応報の考え方ですね。

ときとして人間は、一般常識やモラルから著しく逸脱した反社会的な行動に突っ走ることがあります。新聞の社会面にはそうした記事が毎日、嫌というほど掲載されています。欲得のために他人を陥れたり、実のわが子を虐待して死に至らしめたり。こうした記事を読むたびに、私は人間の「業」の深さを痛感せずにはいられません。自分も業に支配された人間である以上、いつ加害者の立場になるかわからない、という自戒の意味もこめて……。

落語の噺には、業に支配されたさまざまな人間が登場します。大抵は主人公が引き起こすトンチンカンな行動に周囲が巻き込まれ、爆笑のうちにサゲ（落ち）がきて、ハッピーエンドを迎える「滑稽噺」が多いのですが、落語には「人情噺」や「怪談」などというジャンルもあって、必ずしもハッピーエンドで終わらない噺もあります。なかには、かなりグロく、まともに演られてしまうと思わず嫌悪感を催しかねない〝笑えない噺〟というのもあるのです。

その筆頭格が三遊亭圓朝の作になる『黄金餅』で、噺のなかに「麻布」が登場する数少ない演目のひとつでもあります。落語ファンの読者にはいまさら説明不要と思いますが、ご存じない方のためにストーリーを簡単に紹介しておきます。

下谷山崎町の長屋に住む西念という坊主は毎日、頭陀袋《ずだぶくろ》（行脚の僧が袈裟や僧衣を入れる袋）をさげて江戸の町を歩き、集めた布施や喜捨をしこたま貯め込んでいました。ある日、風邪をこじらせて寝込んでしまった西念、倹約家というよりもドケチな性格ゆえに、医者にはかからず薬を飲もうともしません。

隣に住む味噌売りの金兵衛が見舞いに行くと、西念は「二朱分の餡ころ餅が食べたいので、買ってきてくれ」という。二朱といえば大金です。現在の金額で一万円ほどになるでしょうか。さっそく二朱分の餡ころ餅を購って届けてやると、「人が見ていると、ものが食べられない性分なので、帰ってくれ」と西念。

部屋に戻った金兵衛が「二朱分もの餅をどうするんだろう。一人で食うつもりなのか？」と、壁の穴から覗いてみると、あろうことか西念、胴巻きの中から山のような一分金と二分銀を取り出すと、それを餡ころ餅に包み、飲み込んでいるではありませんか。金兵衛がびっくり仰天していると、西念は餅をのどに詰まらせて悶え苦しみ、駆けつけた金兵衛の目の前で息絶えてしまうのでした。

さて、西念が飲み込んだ金をどうにかして手に入れる方法はないかと思案した金兵衛、西念の遺骸を菜漬けの樽に詰めると、長屋の連中に手伝わせ、遺骸をその夜のうちに麻布絶口釜無村《あざぶぜっこうかまなしむら》の木蓮寺に運び込みます。

そこで和尚に経をあげてもらい、天保銭六枚で焼き場の切手をせしめると、金兵衛は長屋の連中を先に返し、寺からアジ切り包丁を盗んでから、ひとり桐ヶ谷の焼き場（火葬場）まで遺骸を運びます。

焼き場の作業員に「故人の遺言で、腹のあたりは生焼けにしてくれ」と無理無体な注文を出し、酒屋で時間を潰す金兵衛。焼き場に戻ると、すでに火葬は終わっており、盗んだ包丁で西念の腹を割いた金兵衛は、まんまと大金を独り占めにするのでした。

その金を元手に金兵衛は目黒に餅屋を開業。この店はたいそう繁盛したという江戸名物「黄金餅」由来の一席でございます。

金兵衛一行の道行きをたどる

どんな億万長者でも金はあの世へ持っていけません。しかし『黄金餅』に登場する西念は強欲の塊のような人物で、苦労して貯めた金をどうしても他人に遺したくない。それで、一分金や二分銀を餅に包んで食べてしまうわけですが、餅を一個また一個と飲み込んでいく様は、まさに業に取り憑かれた人間の愚行を描写して凄絶の一語に尽きます。しかも、これを盗み見していた金兵衛もまた金銭欲に駆られた、どこまでも業の強い人間であり、二人の「業と業のせめぎあい」がこの噺のテーマといってもいいでしょう。

それにしても生焼けにした腹部を包丁で切り裂くあたりはグロテスクの極みで、こんな場面をリアリズムで演られた日には、聴き手である私たちは堪ったものじゃありません。そこで、この超ブラックな噺を飄々とした語り口と独創的なくすぐりでオブラートし、自身の十八番《おはこ》にしてしまったのが、あの昭和の大名人、大河ドラマの『いだてん』にも登場する五代目・古今亭志ん生でした。

志ん生の『黄金餅』を聴いたことがない方は、ぜひ一度聴いてほしいと思いますが、とくに木蓮寺のお坊さんがメチャクチャなお経を口から出まかせに読む場面——、

「はなの金魚はいい金魚、なかの金魚は出目金魚、あとの金魚はデコ金魚、天神天神、鉛の天神いい天神、虎が鳴く虎が鳴く、虎が鳴いては大変だあ、君とわかれて松原行けば、松の露やら涙やら、チーン……」は、抱腹絶倒まちがいなし。こんなグロい筋立てを滑稽噺のように語り、そのうえ自

家薬籠中のネタにまで昇華してしまう志ん生師の才能にはグウの音も出ません。

さらに志ん生の演る『黄金餅』で最大の見せ場は、金兵衛と長屋の連中が、西念の遺骸を下谷山崎町から麻布の木蓮寺に運び込むまでの道行き。落語では「道中付け」といわれる地名の言い立て場面で、下谷から麻布絶口釜無村までの詳細なルートが立て板に水の勢いで語られます。

演芸研究家の岡本和明さんによると、志ん生の『黄金餅』には三種類の音源が残されているそうですが、出たとこ勝負のアドリブが身上だった志ん生の高座は出来不出来の差が激しいのが特徴です。岡本さんのイチオシは、昭和三十六年（一九六一）七月二十六日に東京放送（ＴＢＳ）でオンエアされた録音ですが、ここでは麻布界隈の描写がより正確な、昭和三十一年九月三日にニッポン放送でオンエアされた録音から、くだんの「道中付け」を文章に起こしてみます。


「下谷の山崎町を出まして、あれから上野の山下へ出て、三枚橋から上野広小路へ出まして、御成街道から五軒町へ出て、そのころ堀様と鳥居様という御屋敷の前をまっすぐに、筋違御門から大通りに出まして、神田の須田町に出て、新石町から鍛冶町へ出まして、今川橋から本白銀町へ出まして、石町に出て、日本橋をわたりまして通四丁目へ出まして、あれから京橋を渡りまして真っ直ぐに、新橋を右に切れまして、土橋から久保町へ出まして、新し橋の通りを真っ直ぐに愛宕下に出まして、天徳寺を抜けまして、西久保から飯倉六丁目へ出て、坂を上がって飯倉片町、そのころ「おかめ団子」という団子屋の前を真っ直ぐに、麻布の永坂を下りまして、十番へ出て、大黒坂から一本松、麻布絶口釜無村の木蓮寺に来たときには、随分みんなくたびれた。あたしも、くたびれたヨ……」

たぶん、文字で読んでも志ん生の言い立ての妙味は伝わらないと思いますが、行程を一気呵成にしゃべり終えたあと、「あたしも、くたびれたヨ……」とため息をつくあたりの間は絶品で、「これぞ名人の芸！」と膝を打たずにいられません。

さて、志ん生の高座は先述したとおり録音によって完成度に違いがあります。この噺の「道中付け」にも微妙な差異が見られるのですが、下谷から麻布までの基本ルートを現在の地名で辿ると右記のようになります。

下谷山崎町（台東区東上野四丁目～北上野一丁目）↓山下（上野公園入口）↓三枚橋↓上野広小路↓御成街道↓筋違御門（千代田区神田須田町一丁目の北部）↓神田須田町↓新石町（千代田区内神田三丁目～鍛冶二丁目）↓鍛冶町↓今川橋↓本白銀町（中央区日本橋本石町～同室町～同本町の各四丁目の北半分）↓石町（本石町の略）↓本町↓室町↓日本橋↓通四丁目（日本橋一～三丁目）↓中橋↓南伝馬町（京橋一～三丁目）↓京橋↓尾張町（中央区銀座五～六丁目）↓新橋↓土橋↓久保町（港区西新橋一丁目）↓新し橋↓愛宕下↓天徳寺（港区虎ノ門三丁目）↓神谷町（港区虎ノ門五丁目）↓飯倉片町（港区麻布台三丁目～六本木五丁目）↓おかめ団子↓麻布永坂↓十番（港区麻

布十番）→大黒坂（元麻布一丁目）→一本松（元麻布一丁目）→麻布絶口釜無村。

そういえば、三十年近くも前の話ですけれど、あるテレビ局の深夜番組で、この道中付けを忠実に再現したドキュメンタリーが放送されていました。落語の舞台となった江戸と現代の東京を映像によって比較・検証してみようという高邁な企画でしたが、これがまた不出来でありまして、たしか番組開闢以来の〝最低視聴率〟を更新したと聞いています。もし、この番組を記憶している読者がいましたら、ゴメンナサイ。この番組の台本は私が書きました。

若気の至りとはいえ、やはり下谷から麻布までの「町づくし」は志ん生の噺だから絶品なのであって、これを映像で再現したところで面白くも何ともねえ、と猛反省した日々を思い出します。

永坂から一本松へ

話が横道に逸れましたが、金兵衛の一行は台東区から中央区へと進んで、新橋から港区に入り、神谷町から飯倉片町を経て、いよいよ麻布エリアへと足を踏み入れることになります。ここからは麻布絶口釜無村へ到着するまでの彼らの足取りを、推測をまじえて追跡してみることにします。

港区の地図をお持ちの方は当該ページをご覧いただくとわかりやすいと思いますが、神谷町から桜田通りを南下して飯倉の交差点を右折。外苑東通り（都道三一九号）を六本木方向に進むと、飯倉片町の交差点にぶつかります。ここを左折すると現在の「永坂」（都道四一五号）で、この坂を下れば麻布十番商店街の玄関口・一之橋に到達するのですが、金兵衛たちがここを通過した江戸時代には現在の永坂はありませんでした。それゆえに彼らは「おかめ団子」の前をさらに真っ直ぐに進んで（現在の飯倉片町交差点を通過して）、現在の永坂にほぼ平行する当時の永坂（旧・永坂）を下ったことになります。

言い立てに出てくる「おかめ団子」は飯倉片町交差点の南の角（麻布台三－一－二あたり）にありました。文政年間（一八一八～一八三〇）から明治の初年頃まで実在した店で、落語にはこの団子屋を舞台にしたズバリ『おかめ団子』という人情噺もあります。実在した店名をタイトルに冠した噺は他にも『幾代餅』（両国にあった餅屋）、『百川』（日本橋にあった料理屋）などが有名ですが、「おかめ団子」も江戸名物としてたいへん繁昌した店で、間口三間（約五メートル四五センチ）、奥行十一間（約二十メートル）、総二階の店舗はいつも来店客であふれていたといいます。

もともとは耳のある珍しい亀を飼っていたのが評判となり、詰めかけた見物客に餅を売ったところが大当たり。はじめは「亀団子」と呼ばれていたのを、のちに店を任された人の妻の面相がお多福顔（頬骨が高く、鼻が低い）だったことから、その店名を「おかめ団子」と改めたのだそうです。この店は明治維新のあとに廃業。その後、同じ名前の店がもう少し六本木寄りの場所にあったようですが、元祖の店とは無関係とのことです。

金兵衛一行が下ったのは旧・永坂ですが、前述した現在の永坂は、昭和三十年（一九五五）に都道四一五号の拡張工事に伴って新たに整備されたもので、ゆるいカーブを描きながら飯倉片町交差点から「新一の橋」の交差点まで結んでいます。頭上は首都高都心環状線の高架橋に覆われており、胸クソが悪くなるような醜怪な景観を現出させています。坂名の由来については「長い坂だから」「長坂氏が居住していたから」など諸説ありますが、はっきりしません。

永坂の東側エリアは麻布永坂町。昭和三十七年（一九六二）に成立した住居表示に関する法律によって、由緒ある町名が無粋なネーミングに変更されたことはすでに述べましたが、旧麻布区のなかで唯一、いや唯二つ残った町名がこの「麻布永坂町」と隣の「麻布狸穴《まみあな》町」でした。

現在の永坂

何故この二つの町名だけが残ったのかといえば、永坂町には映画監督・脚本家の松山善三（高峰秀子の夫君）が、狸穴町には吉田茂首相のブレーンもつとめた経済界の大立者・木内信胤や、黒澤明と並び称される日本映画界の巨匠・木下恵介監督などが住んでおり、こぞって反対運動を展開したのだそうな。パンピー（一般ピープルの略。古い！）が徒党を組んで陳情しても、たぶん取り合ってはくれなかったでしょうな。やはりお役所は百頭の羊よりも一頭のライオンに弱いのですかねえ……。

もうひとつ永坂といえば、正岡子規が「蕎麦屋出て永坂上る寒さかな」と詠んだ、麻布十番を代表する老舗の蕎麦店「永坂更科布屋太兵衛」発祥の地で、坂の途中には記念碑が建っています。この永坂更科のアレコレをめぐる、ちょいとエグい話題については、節を改めて詳しく述べますのでご期待くださいませ。

先を急ぎましょう。旧・永坂を下って麻布十番に出た金兵衛一行。江戸期の古地図を見ると、旧・永坂を下ってから南方向へ、ほぼ道なりに行くと雑式通りと合流するので、彼らもそのまま雑式通りを直進して大黒坂下に出たものと思われます。大黒坂下はすでに触れた「パティオ十番」と雑式通りが交差するあたり、パレットプラザ（麻布十番二－一－九）のある交差点です。ここを西方向へ右折すると「大黒坂」と「一本松坂」で、金兵衛一行はこの坂を上っていきます。

「大黒坂」と「一本松坂」は坂下の麻布十番と坂上の高級住宅街を結ぶ主要経路で、私のイメージだと、能でいうところの本舞台と鏡の間を接続する〝橋掛かり〟のような存在。いってみれば、二つの異なる空間をブリッジする役目を担っているように感じられます。

この両坂は地続きになっており、もともとは両方を合わせて「一本松坂」だったようです。現在はパティオ十番側から坂を上りきった左側にある長傳寺までの区間を「大黒坂」と呼んでいます。由来は、坂の中腹北側にある日蓮宗の寺院「大法寺」（元麻布一－一－十）に大黒天（港区七福神のひとつ）が祀られていることから。

その大法寺を右手に見ながら大黒坂のゆるやかなカーブをさらに上っていくと、間もなく四本の坂が合流する変形十字路に出ます。坂マニアにはつとに知られた坂のスクランブル交差点（カバー写真参照）で、右の方へ下っていく坂が「暗闇坂」、正面に見える下り坂が「狸坂」、道なりに進むと金兵衛たちが歩いた「一本松坂」になります。

坂が交わった場所に柵で囲まれたスペースがありますが、ここに仰々しく立っている松の木が江戸名所図会にも描かれた、その名も「一本松」。池波正太郎の『鬼平犯科帳』にも登場しますね。坂名の由来となったこの一本の松、どこから眺めてもごく普通の松の木にしか見えませんが、実は幾多のエピソードに彩られ、麻布七不思議の一つにも数えられる伝説の松なのです。

伝説の一端を紹介すると――、平将門を討伐した源経基が都へ戻る途中、着ていた冠装束をこの松の枝に掛け、麻の狩衣に着替えたという説。京から下向した松の宮という貴人がこの場所で亡くなり、その遺骸を衣冠とともに埋め、松の木を墓の印とした説。小野篁《おののたかむら》（平安時代前期の公卿で歌人。小野妹子の子孫）が植えたという説。高鍋藩秋月邸の羽衣の松だという説。

その他、おどろおどろしい系では、徳川家康が植えたという説――これは、付近に岐阜の戦いで挙げた敵方の首級を埋めた首塚があったといわれていることから、その墓印として、家康が松を植えたのかも、いや、そうに決まってますがな、という説。さらに嫉妬深い女房が呪詛のために植えたという都市伝説チックな伝承……等々、枚挙にいとまがないのでこのへんで打ち止めにします。

こうした伝説・伝承以外にも、甘酒を竹筒に入れて納めると咳が止まる、などの俗信も伝わっており、まさに諸説紛々、百家争鳴の一本松なのであります。その割には、東京都や港区の名勝・旧跡に指定されていないのが腑に落ちず、ちょいと調べてみたら、この松の木、度重なる戦災や火災で焼失。いま立っているのは、戦後になって地元町内会が植えた「五代目一本松」なんだと。つまりオリジナルではない、ということですね。

なんともオソ松な話ですなあ、などと半畳を入れては不謹慎です。吉原の「見返り柳」しかり、歴史上の草木には受難がつきものなのです。

麻布クリスタル・ロードを道中付け

さて、一本松坂を南へ進む金兵衛一行。

このエリアは麻布台地の尾根にあたり、海抜は二十六メートル。十番商店街との高低差は二十メートル以上になります。土地の高さだけでなく、一本松坂に足を踏み入れたとたん、街の雰囲気が一変。麻布エリアでもっとも異国情緒の充溢するセレブリティ・ストリートでもあります。

前述した田中康夫の『なんとなく、クリスタル』では、この一本松坂を金兵衛たちとは逆に北へ進み、暗闇坂を下って麻布十番へ出る設定になっており、私はこの道を「クリスタル・ロード」と呼んでいます。

麻布エリアは台地（武家の街）から低地（庶民の街）へと段階的に発展していったと前に述べましたが、江戸期に武家屋敷が林立していたのがこのエリア。昔も今も、セレブたちの住む高級住宅街だったわけです。ここから先、少しの区間を落語の道中付けに倣って高級住宅街の現況をリポートしてみます。

伝説の一本松を左手に見ながらゆるやかな一本松坂を上っていくと、とても東京のド真ん中とは

松方ハウス

思えない閑静な住宅街。すぐ左手に聳えるのは、かの森ビルによって六本木ヒルズの前年に竣工なった元麻布ヒルズの高層棟。その名もフォレストタワーの威容が視界に飛び込んでまいります。

少し進んで西町ハウスなるマンションの角を右折すると、すぐ左側に西町インターナショナルスクール。五歳から十五歳までの外国人の子弟や帰国子女、学歴コンプレックスのある芸能人の子供たちも通う、音に聞こえたセレブ御用達の学校です。

道路沿いに立つレトロな洋館は都の歴史的建造物にも指定されている通称「松方ハウス」。もともとは明治期の政治家・松方正義の六男、松方正熊の私邸でしたが、松方夫人の美代が日本の子供たちに国際的な教育を受けさせるべく、自邸に英語塾・西町アカデミーを開塾。戦時中は松方一家が疎開したため、スウェーデンやルーマニアの大使館として、戦後はベネズエラ大使館として使用されていました。

その後、戦後になって西町に戻ってきた松方夫妻の娘・種子が母の意志を受け継ぎ、近所で英会話教室を開設。昭和二十四年（一九四九）に洋館が松方家に返還されると、ここにインターナショナルスクールを開校したのでした。

昭和四十年代、十番小僧だった私にとってこの界隈は、まさに欧米の風景そのものでした。夕方になると一本松坂から松方ハウスの前にかけて、ベンツ、ボルボ、ワーゲンなどの外車が鈴なりに停車していて、運転席にはキャンディス・バーゲンのようなパッキンの西洋婦人が楚々としたたたずまいで我が子の下校を待っているのでした。

さてさて、西町インターナショナルスクールを通り越してすぐの路地を左折した先には、十番小僧たちの聖地にして伝説の池として名高い「蟇《がま》池」があるのですが、道草はこれくらいにして、ふたたび一本松坂にもどってさらに直進すると、左手に麻布地域の総鎮守「氷川神社」(元麻布一−四−二十三)が見えてまいります。

天慶五年(九四二)に源経基が勧請したとか、文明年間(一四六九〜八七)に太田道灌が勧請したとかの説がある氷川神社は、もともと一本松の向かい(元麻布三−十二〜十三)に広大な寺社地を有していましたが、寛文二年(一六六二)に増上寺住職の隠居屋敷に召し上げられたため、現在地に移転してきたそうです。

住居表示実施前の旧町名に麻布宮村町(現・元麻布一丁目、二丁目、三丁目、六本木六丁目と麻布十番二丁目の一部)、麻布宮下町(現・麻布十番一丁目)とあるのは、そもそも当時の氷川神社を基点にして、坂上の台地部を宮村町(お宮さんの町)、坂下の低地を宮下町(お宮さんの下)と呼んだことに由来しています。つまり、地域にとってはそれだけ重要な郷社だったのでしょう。

麻布の総鎮守といっても現在の氷川神社は見た目にもごくふつうの神社で、私には年に一度だけ初詣で訪れ、おみくじを引くという印象しか残っておらず、安置している毘沙門天も見たことはありません。それよりも氷川神社で思い出すのは、かつて神社の隣に邸宅を構えていた俳優・田宮二郎のこと。

昭和五十三年（一九七八）も押し詰まった十二月二十八日。十番小僧から高校生に成長していた私は、冬休みに入って三日目のこの日、朝から母親の叱声を浴びて自室の大掃除にとりかかっておりました。そして午後二時過ぎ、掃除の手を休め、昼飯を食べながらテレビを見ていた私は、速報で田宮二郎の死を知ります。

田宮といえば『クイズタイムショック』の司会、『白い滑走路』『白い巨塔』などのドラマに主演してお茶の間の話題を集めており、ほかならぬ私も田宮の大ファンでした。

享年四十三。散弾銃による自殺で、動機については借金説や鬱病説など様々に取り沙汰されましたが、興味のある方は、かつて松竹のプロデューサーとして生前の田宮と深く交わった桝本喜年の労作、『田宮二郎、壮絶！　いざ帰りなん、映画黄金の刻へ』（清流出版）の一読をオススメします。

……というわけでスンマセン、氷川神社の話題でしたね。ちなみにこの神社、アニメ化もされた『美少女戦士セーラームーン』に登場する霊感少女の火野レイが巫女をしている〈火川神社〉のモデルといわれ、セーラームーン人気の全盛期には聖地めぐりのファンが大挙して詰めかけたそうな。

最近になって、あのメドベージェワ選手もお忍びで氷川神社に詣でたという情報は、いまのところありません。

麻布絶口釜無村の木蓮寺はいま？

そうこうしているうちに氷川神社を通過した金兵衛さん一行、ほどなく仙台坂上の交差点に差し掛かったことでしょう。

仙台坂は二之橋の交差点を起点に西の方向（西麻布方向）へ、およそ五〇〇メートルつづく急勾配の長い坂。坂上の台地（元麻布）と坂下の低地（麻布十番）を結ぶ主要路であるばかりか、麻布十番と南麻布を分かつ境界線にもなっています。麻布山入口の信号あたりから急勾配となり、五十の坂を越えた私には「鳥居坂」ともども、なるべく避けて通りたい心臓破りの急坂であります。

その名の由来は坂の南に仙台藩の広大な下屋敷があったからで、現在は韓国大使館をふくむ住宅地になっています。

この仙台坂上に差し掛かった金兵衛一行、坂を突っ切って直進すると、やがて道が二手に分かれます。右の方へ進むと「御薬園坂」で、第一章で述べた幕府の御薬園はこのあたりにありました。一方、金兵衛一行が選んだのは左の方の道で、ここを下っていき、やがて道なりに右に折れると、その名も「絶江坂《ぜっこうざか》」の上に出ます。落語では「絶口」という表記になっていますが、一行が目指した麻布絶口釜無村の木蓮寺は、ほぼこのあたりにあったと断じて間違いないでしょう。しかし残念ながら、昔も今も「木蓮寺」という寺は存在しません。謎を解く鍵は、「絶江坂」という坂名の由来にありました。

元和九年（一六二三）に今井村（現在の赤坂八～九丁目）に創建された臨済宗の寺に「曹渓寺」がありました。このお寺を開山したお坊さんが絶江和尚で、その後、今井村の寺地が幕府の用地に召し上げられたため、承応二年（一六五三）に麻布の「釜無し横町」の近くに移転。なんとも珍奇な町名ですが、江戸時代、絶江坂の付近には貧民長屋が多くあり、あまりの貧しさに住民が一つの釜を共有していたことから、いつしか人々はこのエリアを釜無し横町と呼び習わすようになったとか。

曹渓寺の移転に伴い、そうした謂のある釜無し横町へとやってきた絶江和尚。この坊さんが名にし負う名僧であったらしく、寛文三年（一六六三）に死去した際には勅旨をもって円覚大鑑禅師なる号を賜ったそう。こうして、曹渓寺は「絶江和尚の寺」と呼ばれるようになり、いつしかそれが「絶江にある寺」と曲解され、やがて曹渓寺のある場所とその周辺が「絶江」という地名になったとのこと。つまり、絶江坂の由来は「絶江にある坂」ということになるわけです。

さて、その絶江坂を下っていきますと、ありましたよ、曹渓寺が。状況から考えて、この寺が落語の木蓮寺のモデルになったことは、もはや疑いようがありません。そればかりか、「釜無村」という村名が、実在した「釜無し横町」を下敷きにしていることも判明しました。

初冬のある日、金兵衛さん一行に倣って、私も夜更けの絶江坂を下ってみました。釜無村（釜無し横町）は、いまや億ションが蝟集する超高級住宅街。クリスマス間近で、マンションの窓辺は色とりどりのイルミネーションで飾られています。パーティーの帰りでしょうか、調子のはずれたシャンソンをがなりながら、四十代ぐらいの外国人カップルが千鳥足で洋館のエントランスを入っていきます。ここはいったい、どこ？　ホントに日本なのでしょうか？

本堂に通じる曹渓寺の長いアプローチに足を踏み入れると、クリスマスツリーのように厚化粧された東京タワーの電飾が、師走の夜空に明滅しておりました。

なお、麻布十番界隈を舞台にした落語には、ほかにも極度に心配性の頑固オヤジが珍騒動を繰り広げる長屋噺、『小言幸兵衛』があります。

むろん実在の人物ではありませんが、噺では幸兵衛の住む長屋は「麻布の古川」にあり、歴史家の俵元昭氏はその場所をズバリ、現在の南麻布一－六－十八あたり（象印東京ビル）と特定しています。

二冊の映画本

①『麻布十番を湧かせた映画たち』

戦後映画史を生きた人

どこの商店街にも名物おじさんとか名物女将とか呼ばれるユニークな人が必ずいるものです。もちろん麻布十番商店街にも。すぐに何人かのご尊顔が頭に浮かびますが、こと文化芸術の分野における「傑物」となると、いの一番に遠藤幸雄さんに指を屈することになるでしょう。

かつて麻布十番に四軒もの映画館があったことはすでに述べました。生粋の十番っ子である遠藤さん、中学生のころから四軒の劇場をハシゴして映画漬けの毎日をおくるうちに大の映画ファンに。しかも齢七十三にして、自分の映画人生の総決算ともいうべき――『麻布十番を湧かせた映画たち シロウトによるシロウトの為の映画談義　十番シネマパラダイス』という破格なロングタイトルを持つ映画本を自費出版してしまったという、これまた破格のシネマ・フリークなのです。

破格なのは本のタイトルばかりではありません。三〇二頁という大冊もさることながら、麻布十

著書を手に遠藤幸雄さん

番にあった四軒の映画館の栄枯盛衰を詳細に記録しており、戦後日本の映画興行史を概観するための貴重な資料にもなっているのです。さらに上映作品に関するデータも豊富で、そこいらの評論家が顔色を失うような作品解説やウンチクが満載されていて、映画業界出身の私も度肝を抜かれっぱなし。なんせ年季が入っている分、知識量が半端ではありません。

昭和十二年（一九三七）、麻布坂下町（現・麻布十番二丁目）で生まれた遠藤さん。家業は理髪店でした。戦中は家族全員で地方へ疎開したものの、空襲で店と家を焼失。昭和二十三年（一九四八）に父親がふたたび麻布十番で理髪店を再開します。それ以降の遠藤さんの戦後史は、そのまま十番商店街の復興史ともぴったり重なるのです。

戦前から映画が好きだったという遠藤さんが映画三昧の日々をおくるようになるのは、昭和二十六年（一九五一）十二月に理髪店の目と鼻の先に、麻布中央劇場と麻布映画劇場がオープンしてから。しかも好都合だったのは、映画館の経営者やスタッフが理髪店のお得意さんだったことから、招待券が手に入ったこと。この〝濡れ手に粟〟のタダ券によって、遠藤さんの映画人生はスタートしたのでした。

そうこうしているうちに、翌年には麻布日活館が、少し遅れて昭和三十年（一九五五）に十番倶楽部の場所に麻布名画座が開館したことは先述のとおりです。遠藤さんは、番組が変わるたびに四軒の映画館に通い詰め、新旧を問わず洋画と邦画を浴びるように見まくります。当時の邦画は週替わりで新作が封切られたので、当然その数も厖大に。鑑賞作品を忘れないようにと付けはじめた映画日記は、七十年後の今日もなお書き継がれているというから、これまた仰天。たぶんそこには、戦後映画史をリアルタイムで体験してきた遠藤さんの、その時々の想いや時代の空気まで刻まれているのでしょうね。とても興味を惹かれるのですが、何度お願いしても、この映画日記だけは見せてもらえません。

長男としての責任もあり、家業の理髪店を継がざるを得なかったという遠藤さん、「ほんとうは大学に行って、別の道を進みたかったんですけどねえ。映画俳優にあこがれたこともありました。チョイ役でもいいから、喜劇映画に出てみたかった……」と、照れ笑いを浮かべます。

小柄ながら、とても八十一歳には見えない身のこなしで、今日も愛用のハサミを手に、熟練のカッティングを披露する遠藤幸雄さん。もっとも、業務のほとんどは奥さんと息子さんに任せているので、遠藤さんが担当するのは昔からのご贔屓さんだけ。「どうしても遠藤さんに散髪してほしい!」という方は、直談判してみてはいかがでしょうか。

さて、そんな遠藤さんが映画本の出版を決意するまでには、長い助走期間がありました。

「十番だより」の名ライターとして

昭和五十四年（一九七九）、組合（麻布十番商店街振興組合）の役員に推され、広報部の仕事を担当することになった遠藤さんは、商店街の広報紙「十番だより」の編集作業に携わるようになります。

第二章で触れたように、昭和三十二年（一九五七）の創刊当初こそ博覧強記の書き手が健筆を競い、個性的な連載が目白押しだったものの、次第に読み応えのある記事が少なくなり、昭和五十年代には催事の告知や店舗情報などが紙面の大半を占めるようになっていました。当時、四十代になったばかりの遠藤さんにはそれが飽き足らず、紙面の刷新を密かに企てるのでした。

「とにかくね、読んですぐポイっと捨てられないものを作りたかったんですよ。たとえば百部を配ったとして、そのうちの四人でも五人でもいいから、これは取っておいて後で見ようとか、切り抜いてスクラップしようとか、そのくらいの記事を十番だよりに書きたかった」

とはいえ、新参者がいきなり紙面を変えるのは不可能。画才を活かして四コマ漫画を描いたり、他愛のない埋め草記事でお茶を濁したりしながら、雌伏の時代が十数年も続くことに。

転機になったのは平成八年（一九九六）。当時の編集長（広報部長）の勧めで遠藤さん自らペンをとった「麻布をとおりぬけた文学者たち」の連載でした。

「この一、二世紀、さまざまな人や物語が、麻布を舞台に駆け抜けていきました。そのあれこれを、アトランダムに取り上げて紹介してみたいと思います」

こんな序文でスタートした遠藤さんの初連載は、麻布エリア（旧麻布区）に縁のある文学者を一人ずつ取り上げ、その作家の人と仕事を限られたスペースで紹介していくもの。樋口一葉、岩野泡鳴、長与善郎、北村透谷、志賀直哉、北原白秋、正宗白鳥、高見順、菊池寛、岡本綺堂、島崎藤村、永井荷風、梶井基次郎、川端康成、三好達治、伊藤整といった明治・大正・昭和の文学史に残る名だたる顔ぶれが登場します。

この企画がユニークなのは、麻布の出身者とか、麻布に長く住んだ文学者とかに限定せず、わずか一ヵ月で麻布を離れていったような、まさにタイトルが示すような「麻布をとおりぬけた」人々にもスポットを当てているところ。梶井基次郎と三好達治が間借りしていた飯倉片町の素人下宿に、三好と入れ替えに伊藤整が引っ越してきたとか、根が文学中年の私もはじめて知りましたデス。

平成八年（一九九六）九月号からスタートしたこの連載が、平成十二年（二〇〇〇）の七月号をもって終了すると間髪を入れず、翌々月の九月号から「地下鉄物語」の連載がスタート。この年の九月に「東京メトロ南北線」が、十二月には「都営大江戸線」の麻布十番駅が相次いで開業しており、まさに時機を得た好企画として、大勢の読者から好評裏に迎えられました。

この連載のこれまたスゴイところは、南北線と大江戸線の開通の経緯だけでなく、日本の地下鉄建設の歴史を丹念に調べ上げているところ。結果、連載は予定期間をオーバーランして、平成十三年（二〇〇一）七月号まで全十回に及びました。遠藤さん、地下鉄以上に筆が走ってしまったんですね。

とくに興味深いのは、この連載の第三回と第四回で、第二章で言及した日比谷線の麻布十番駅スキップ騒動にも触れているところ。遠藤さんは両記事のなかで、

「では本当に、十番で反対したから日比谷線は六本木に行ってしまったのか。答えはNOだ。確かに反対運動が一部にあって、商店街の上層部が陳情に行った事実はあったらしい。然し、署名運動や陳情程度のことで、予定路線が変更される等ということは先ずあり得ない。有ったとすればそれ

は飽くまであちらサイドの事情による筈だ」

「いずれにせよ『十番で反対したから日比谷線が（麻布十番を通らずに）六本木にいってしまった』等という〝伝承〟を証明し得るような物的証拠や情報は存在しない。戦後草創期の十番商店街再建に身を挺した先達の為にも、それがとんだぬれぎぬである事をここで明確にしておきたい」と、反対運動による〝日比谷線スキップ説〟を否定。

署名運動や陳情程度のことで予定路線が変更されることはあり得ない、という遠藤さんの見解にも一理はあるものの、繰り返しになりますが、昭和三十九年（一九六四）の東京五輪を前に、反対住民との交渉に時間を空費するより、「四の五のいうなら六本木から神谷町に直結しちゃえ！」と、営団側は判断したのではないか。私は、そう思います。

どちらにしても、あのとき日比谷線が通っていたら、その後のレトロ商店街としての十番商店街の繁栄はなかったのですから、結局は「災い転じて福となす」。遠藤さんも指摘するように、少なくとも当時の反対運動推進者を非難するのは筋違いという気がします。

麻布十番の三大スター

労作「地下鉄物語」の執筆を終えた遠藤さんは、平成十三年（二〇〇一）九月号から十一月号まで「昔々十番にエノケンがいた‼」を三回にわけて連載。

昭和の喜劇王として知られるエノケンこと榎本健一は、昭和四年に軽演劇の劇団「カジノ・

フォーリー」の旗揚げに参加後、スピーディーな身のこなしと歌唱力で爆発的な人気を集め、やがて浅草のショービズ界に大スターとして君臨。

昭和九年（一九三四）には映画界へも進出し、日本初のミュージカル映画『青春酔虎伝』をはじめ、『エノケンのちゃっきり金太』『虎の尾を踏む男達』など約百八十本の映画に出演しました。戦後も舞台・映画で活躍しますが、昭和三十七年（一九六二）には脱疽のため右足を大腿部から切断。晩年はテレビ・ドラマにも多数出演し、昭和四十五年（一九七〇）、肝硬変のため六十五歳で亡くなりました。

遠藤さんがエノケンについて書こうと思い立ったのは、もちろんエノケン主演の喜劇映画が大好きだったこともありますが、なんといってもエノケン自身が麻布十番と縁の深い人物だったことが強い動機だったのではないかと思います。いってみれば同郷の名士に対するリスペクトの念ですね。

明治三十七年（一九〇四）に現在の港区青山で生まれたエノケンは、小学校に入って間もなく、麻布十番に移り住みます。父親が霞町（現在の西麻布）で開業した煎餅屋が好調で、業務拡張のため麻布十番に新たな土地を求めたからでした。

十七歳のときに父親を亡くし、いっときは家業を継ぐ素振りを見せたようですが、すぐに浅草オペラへ舞い戻ってしまい、その後、十九歳で東京を離れるまでの期間をエノケンは麻布十番の実家で暮らすことになります。

昭和三十四年（一九五九）、すでに日本を代表する喜劇王として功成り名を遂げていたエノケンは、十番稲荷神社の鳥居造営に際して多額な寄進をおこない、第二の故郷に錦を飾ったのでした。

かつての十番商店街には、地元の英雄エノケンを誇りに思う人々がずいぶん多かったけれど、いまやエノケンの名を知っている人のほうが少ない……と遠藤さんはいいます。その意味でも、榎本健一の生涯を丁寧に掘り起こした遠藤さんの仕事は、たいへん意義深いものといえるでしょう。

現在、エノケンの実家だった「武蔵野せんべい」（麻布十番二－十三）の跡地にはビルが建っており、当時の面影を偲ぶことができないのが残念。ちなみに、その目と鼻の先に遠藤さんの理髪店があるのも何かの因縁でしょうか。

ときに麻布十番の有名人といえば、昭和十年（一九三五）、レコード産業の揺籃期に『船頭可愛や』でデビューして大ヒットを飛ばした歌手の音丸や、東映時代劇の若手スターだった伏見扇太郎を忘れてはいけません。といっても、私も遠藤さんの記事を読んで、はじめてその事実を知ったのですが。

音丸の実家は麻布十番の下駄屋で、現在の麻布十番郵便局（麻布十番二－三－五）のあたり。全盛期の人気は大変なもので、彼女の顔を一目見ようと、用事もないのに下駄屋のまえを行ったり来たりする人たちが大勢いたそうです。

昭和十二年（一九三七）、音丸は戦前の十番にあった末廣稲荷神社に狛犬を寄進。これは明治～昭和前期の鋳金家、大島如雲が監修したブロンズ製の狛犬で、戦時中には供出を逃れるため、土中に埋めたというエピソードが伝わっています。戦後、この狛犬は十番稲荷神社に移設され、いまも拝殿前に鎮座しています。

一方の伏見扇太郎は、中村錦之助、大川橋蔵、東千代之介に次ぐ若手時代劇俳優として将来を嘱望され、『まぼろし小僧の冒険』（一九五五年／東映）、『日輪太郎』（一九五六年／東映）などに主演するも大成せず、昭和四十年を境にスクリーンから遠ざかります。

やがて結核で俳優を廃業した扇太郎は、スタンドバー経営、ボウリング場勤務、大衆劇団の地方巡業に参加するなど、さまざまな職業を転々。その後、刃傷事件を起こしたり、痴情のもつれから夫人を殺害されるなどの不幸な事件に巻き込まれ、五十五歳で死去。一説では自殺といわれています。

落魄した往年のスターのあまりにも悲惨な後半生は、まるで映画のストーリーのようにも感じられますが、遠藤さんは俳優としてブレークするまえの扇太郎と空地で野球をしたことがあるそうです。

麻布十番には、扇太郎と同じ幼稚園に通い、俳優になってからは一緒に酒を飲んだことのある人々もいたそうですが、昭和三十三年（一九五八）に結核の手術をして以降、十番で扇太郎の姿を見かけることが少なくなり、銀幕を去ってからは消息が不明になってしまったということです。

十番シネマパラダイス

こうした助走期間を経て、いよいよ平成十三年（二〇〇一）十二月号から「十番シネマパラダイス」の連載がスタート。自他共に認める映画フリークの遠藤さんが満を持して筆を執っただけに、毎号、淀みなく流れる筆致は、まさに大海に放たれた魚のように伸び伸びとして、読んでいて実に愉しいものです。

記念すべき第一回のテーマは、日本の映画人口がピークを迎えた昭和三十三年（一九五八）の興行界の話題をメインに、その年に公開された邦画&洋画のヒット作を解説。さらに昭和三十三年の世相や風俗にまで言及しているところが遠藤さんらしく、映画を入口にして四方八方へと話題が拡散されていくので、まったく読者を飽きさせることがありません。

前述したとおり、この年をピークに映画人口は漸減していき、やがて興行界は斜陽の時代を迎えることになるわけですが、連載の初回に「昭和三十三年」の話題から始めるところがミソ。これ以降の連載は麻布十番にあった四軒の映画館で上映された作品にスポットを当てながら進んでいくのですが、全体を通読してみると、これがやがて閉館に追い込まれる十番興行界の編年史になっていることに気づかされるのです。

ときに作品そのものから離れて、枝道や横道へズンズン分け入っていくところも魅力のひとつ。そこで披瀝される情報量とウンチクの豊富さは、明らかに一般の映画ファンのそれを超えたもので、私なんぞは紙面をまえに、唯々ひれ伏すしかありません。

毎号のスペースは見開き二ページの縦書き四段組で、どの号も小さなポイントの文字で埋め尽くされています。遠藤さん、たぶん書きたい事柄が次から次へと溢れてきて、本当はこのスペースでも足りなかったのでしょうね。私には、そんなふうに感じられます。

大勢の読者から支持されたこの連載も、平成十七年（二〇〇五）の七月号で最終回を迎えます。実に足かけ四年、全三十九回という長期連載でした。気持ちのうえではもっと長く続けたかったといいますが、目前に迫っていた七十歳の誕生日をもって十番だよりの編集作業から退くことを決めていたため、ケジメをつける意味でも連載を打ち切ることにしたのだそうです。

「昭和五十四年（一九七九）から二十八年間も十番だよりの編集に携わってきたので、悔いはありませんでした。ただ、大好きなチャップリンについて書けなかったことが残念……」

ディズニーとチャップリンをこのうえなく敬愛する遠藤さん、ディズニーに関しては十分なスペースを割いて書くことができたものの、チャップリンまで行き着けずに連載を終えてしまったことが唯一の心残りなのだとか。

連載中は、とくに十番の映画館に通った経験のある六十歳以上の読者に大好評だったそうですが、連載が長期に及んだ分、読者が毎号の記事をスクラップするのは難儀なこと。なかには記事をまとめて読みたいという読者の要望もあって、遠藤さんは原稿を一冊の本にして出版することを思い立ちます。

かくして連載終了から五年を経た平成二十二年（二〇一〇）八月、遠藤さんは連載記事を増補改訂した『麻布十番を湧かせた映画たち　シロウトによるシロウトの為のシロウト映画談義　十番シネマパラダイス』を自費出版。これを希望者に無償で配布したのでした。

出版化に際しては、懸案のチャップリンについての文章も加筆。遠藤さんにとってはそこそこ納得のいく内容になったのではと思うのですが、サブタイトルに、あえて〝シロウト〟という言葉を二度も使っているところが、いかにも謹厳実直な遠藤さんらしい奥ゆかしさ。三〇〇ページを超えるこの本の濃密度と情報のクオリティは、クロウトだって裸足で逃げ出すと思います。

それにしても自費を投じて本を三百部も刷るというのは、そう簡単なことではないはず。それなりの勇気が必要だったと思うのですが、出版の動機について遠藤さんは、

「十番商店街が〝微笑みの町〟〝ホッとする街〟のキャッチフレーズと並べて〝歴史ある街〟を標榜する以上、伸ばせばまだ手が届く『ついこの間の歴史』の一面を掘り起こし、今のうちにしっかり記録に留めおかないと、これ迄の他の諸事同様、すべてが〝朧ろ〟となって正体が失われ、我々は、十番を語り継ぐ確かなものを何も持たなくなってしまうだろう」と記しています。

この想いは、麻布十番で生まれ、麻布十番で生活を営んできた者にしかわからない特別の心情だと思います。濁りのない、真の郷土愛とでもいうのでしょうか。

遠藤さんと映画とのつきあいは、まだまだエンドマークにはほど遠く、齢八十を過ぎたいまも、週一回の劇場通いを続けています。年齢もさることながら、年間百本というペースは尋常ではありません。私など、せいぜい年間二十本がいいとこですから。また、映画ポスターのコレクターでもある遠藤さん。昭和二十年代から三十年代の作品を中心に、貴重なポスターを所蔵しています。

「僕が集めたというより、もともとは店（理髪店）に貼ってあった麻布中央劇場や麻布名画座のポス

ターなんです。上映期間が過ぎると親父が捨ててしまうので、捨てられるまえに気に入ったものを剝がして、取っておいただけなんですよ。だからコレクターなんていわれると、ちょっとねえ……」

いえいえ、立派なコレクターだと思いますよ。所蔵するポスターは、初公開当時の『ローマの休日』『フェリーニの道』『チャップリンの独裁者』などの名作をはじめ、洋画&邦画合わせて七十二点。映画ファンであればノドから手が出るほど欲しいお宝ばかり。

知人に勧められて出演した『開運！なんでも鑑定団』では、本人評価額の七十二万円に対し、なんと三百万円の鑑定額がついたとか。こうなると、ポスターもちょっとした財産ですよね。

というわけで、大好きな映画ポスターに囲まれて、週一回は映画館のスクリーンに向き合う遠藤さん。見たい作品があるときは、一日に劇場を二〜三軒ハシゴすることもあるとか。

「ホームシアターじゃダメなんですか？」と尋ねると、即座に「ＤＶＤやビデオでは映画の本当の良さはわかりません」という答え。数十年前にテレビの洋画劇場で『アラビアのロレンス』を見て落胆して以来、「映画は映画館で見る！」を鉄則にしているそうです。

……さて、ここまで書いてきて、いまさら申し上げるのも気が引けるのですが、遠藤さんの著書『麻布十番を湧かせた映画たち』は自費出版のため書店には流通しておらず、入手がきわめて困難。希望者が増えれば再版を検討する、と遠藤さんはいいますが、現状では残念ながら難しいと思います。

ご興味のある方は、麻布十番商店街振興組合の事務所で閲覧できるそうなので、問い合わせてみてはいかがでしょうか。

②『映画館へは、麻布十番から都電に乗って。』

都電に乗ってきた少年

これまた長い書名の映画本であります。

麻布十番をタイトルに冠した映画本が世の中に二冊も存在すること自体、私にはかなり驚きなのですが、今年七十八歳を迎えるこの本の著者・高井英幸さんが歩んだ人生は、これに輪をかけた、ドンキ流に表現すれば「絶驚の人生」ですらあります。

なんと高井さん、大の映画好きが昂じて映画会社の東宝に入社。そればかりか、後に東宝のトップにまで昇り詰めるという、まさに映画ファンなら誰でも夢見るようなサクセスストーリーを実現してしまった立志伝中の人物なのです。

「都電に乗ったのが嬉しくてねえ。はじめて乗ったものですから……」

と六十数年前を振り返る高井さん。

当時十一歳の高井少年が都電に乗って麻布十番にやってきたのは、昭和二十七年（一九五二）のこと。空襲で東京杉並の自宅を焼失し、小岩の親戚宅に寄寓していた高井さん一家が戦後はじめて建てた新居が麻布宮下町（現・麻布十番一丁目）でした。

映画館へは、
麻布十番から
都電に乗って。
高井英幸
角川文庫

『映画館へは、麻布十番から都電に乗って。』（高井英幸、角川文庫）

昭和二十七年といえば、所々にまだ空襲の焼け跡が残り、水道が通っていない家屋もあったそうですが、商店街の念願だった寄席の十番倶楽部が竣工。三軒の映画館もすでに営業をはじめており、高井さんの自宅からは映画館の看板が見えました。

映画を観るだけなら自宅から徒歩数分圏内にある十番の映画館が便利でしたが、高井少年の眼は都内随一の映画街だった日比谷へと注がれます。昭和二十八年（一九五三）の暮れに日比谷の有楽座で母親と一緒に観た、世界初のシネマスコープ映画、『聖衣』の感動が忘れられなかったのです。

シネマスコープ――昭和の映画少年の胸をときめかせる、この懐かしい響き！　ご存じない平成生まれの読者のためにちょいと説明しますと、シネマスコープとはワイド画面の一方式。昭和二十年代後半にテレビの普及に危機感を募らせたハリウッドの映画各社は、大型画面の開発にシノギを削っていました。スクリーンを巨大化することで、テレビにはない優位性を打ち出そうと考えたのですね。いかにも「大きいことはいいことだ！」式のアメリカ人が考えそうなことで、こうした流れのなかから〈シネラマ〉や〈七〇ミリ〉といった大型画面の作品が生まれるわけですが、その草分け的な存在が二十世紀フォックス社の開発したシネマスコープ（略してシネスコ）だったのです。

特徴は画面サイズが極端に横長（ワイド画面）なことで、その縦横比は一対二・五五。ちなみに通常の画面（スタンダード）が一対一・三七ですから、その差は歴然。この超ワイド画面をはじめて観た日本の観客がビックリこいたことは想像に難くありません。

高井少年もその一人で、たちまちシネスコの迫力と豪華絢爛なハリウッド映画に魅せられてしまったのです。その頃の日本映画はといえばモノクロ&スタンダードがあたりまえで、そんな時代に贅を尽くしたハリウッド製のワイド画面を体験してしまったのです。

食糧事情も良好ではなかった時代のこと、まさに高井少年のシネスコ体験は初めて三〇〇グラムのサーロインステーキを食べたときのような、衝撃的ともいうべき大事件だったことでしょう。食に飢えた胃袋に、このゴージャスな味は一生忘れられるものではありません。

ハリウッドに魅せられて

高井さんが『聖衣』を鑑賞した日比谷の有楽座は、東宝のフラッグシップ・シアターで、さすがに東宝系映画館の本丸にふさわしく、場内の雰囲気や内装もゴージャス。当時の印象を高井さんは「なかなか格調が高く、重厚で堂々たる感じの劇場だった」と、書いています。

実はこれはとても重要なことで、『聖衣』というハリウッド製のシネマスコープ大作を有楽座というゴージャスな劇場で観たことが、高井さんのその後の人生を変えたといっても過言ではない、と私は思うのです。

「高級な料理は高級な器に盛れ」といわれますが、映画の鑑賞体験も同様で、もし高井さんがこの映画を有楽座以外の場末チックな劇場で観たとしたら、この日の体験をきっかけに高井少年がハリウッド映画の虜になることはなかったと思います。

銀座という、戦後日本にあって最も洗練されたハイセンスなエリアと地続きの日比谷という街で、しかも格調高く、重厚で堂々たる有楽座のスクリーンで『聖衣』という、これまたとびきりゴージャスなハリウッド大作に逢着したことで、高井少年は新たな審美眼を開き、新たな価値観に目覚めたのではないでしょうか。それは、戦勝国アメリカの底力——生活水準の高さや文化・芸術に対する限りない憧憬といったものとも無縁ではなかったように思われるのです。

こうしてハリウッド映画に開眼した高井少年は、翌年から日比谷の有楽座へ通いはじめます。もちろん、一之橋の電停から一人で都電に乗って。このとき高井少年は十三歳。本人の度胸もさることながら、よくもまあ小学生の息子の映画館通いを母親は許容したものです。実はこれにはちょっとした事情があって、

「母は、父と結婚するまでは宝塚歌劇団の生徒だった。宝塚の大劇場や、東京宝塚劇場の舞台を踏んだ経験を持っていた。(中略)そのせいか、芸能一般には当時の他の家庭よりは理解があったと思う。息子の映画好きも大目にみた。映画なら多少夢中になっても心配ない、自分にも理解できる世界なので、むしろ安心だと思ったに違いない」と著書に記しています。

というわけで、中学時代の高井さんは日比谷の映画街にあった有楽座、日比谷映画劇場、東京宝塚劇場といった劇場で浴びるように洋画を観まくり、その一作一作を吸収しながら映画に対する鑑賞眼を涵養していったようです。

やがてハリウッド作品だけでは飽き足らなくなり、高校生になってからはヨーロッパ映画にも目を向けるようになるなど、成長とともに映画への情熱も高まっていきます。

麻布十番の思い出

映画館といえば、地元の麻布十番にあった四館の劇場にも高井さんは足を運んでいました。著書のなかで十番の映画館について、こう記しています。

「（麻布十番にあった）どの劇場も家から二、三分足らずのところにあり、（自宅の）二階から麻布中央劇場や麻布映画劇場の看板が見え、番組が変わるのが分かる。夜になると、最も近い麻布日活館から最終回が始まるベルの音が聞こえてくる。夕食が終わる頃だと、じゃあちょっと覗きに行こうかという感じで、親と一緒に、寒いときは毛布持参で、下駄履きであたふたと駆け込んだ」

自宅から目と鼻の先に映画館があるという環境は遠藤幸雄さんと同じで、まことに羨ましい限りです。私の世代になると、すでに映画館へは電車やバスに乗って（あるいは都電で）出かけるのがあたりまえだったので、ちょいと銭湯に行くような気軽さで映画を観られた高井少年に強い羨望を抱いてしまうのです。

高校時代までの高井さんは、麻布日活館で『風と共に去りぬ』『七人の侍』『元禄忠臣蔵』などの洋画邦画の名作に触れ、麻布中央劇場では見逃していた『ローマの休日』『カサブランカ』『第三の男』といった映画史に残る作品を追いかけ、麻布名画座では『真昼の決闘』『地上より永遠に』などのハリウッドの名画を、麻布映画劇場では戦後の子供たちに大人気だった『笛吹き童子』などの時代活劇に胸を踊らせ、ときには一之橋から都電に乗って三つ目の芝園橋にあった芝園館（東宝の封切館）まで足を伸ばし、『次郎長三国志』シリーズや、『ゴジラ』の第一作なども鑑賞しています。

やがて杉並区内の私立高校に進学した高井さんの映画遍歴は、さらに充実したものになります。

折しも通学のために毎日通る渋谷の都電ターミナルの正面に、地下一階、地上八階の東急文化会館（現在の渋谷ヒカリエ）がオープン。館内には洋画ロードショー専門の渋谷パンテオン、ロードショー落ち作品を二本立て上映する渋谷東急、旧作専門の東急名画座、ニュース映画専門の東急ジャーナル（テレビが普及するまで、時事問題や芸能情報などを短編にまとめたニュース映画というジャンルがあったのです）の四館が開場します。昭和三十一年（一九五六）十二月のことでした。

このときの感激を高井さんは、

「まさか通学途上の都電の駅の目の前に、まるで（自分を）待ち受けていたように、ぴかぴかの映画館が四館も開場するなんて、嬉しいやら、困ったやらで、複雑な気持ちで東急文化会館を見上げたものだった」

と振り返っていますが、すでに洋画の見巧者だった高井さんは、そのうち上映される映画が東急系の配給作品に限定されていた渋谷パンテオンでは満足できなくなり、「やはりロードショーは、日比谷と築地（松竹系の東劇など）なんだということを痛感した」そうです。

運命の映画業界入り

昭和三十四年（一九五九）、立教大学に進学した高井さんは映画研究会（映研）に所属し、都内六大学の学生が集まって結成された都下大学学生映画連盟（都下連）の活動にも参加。都下連の推薦映画を選定するため毎日のように映画会社の試写室で新作を観まくるなど、まさに映画漬けの大学生活をおくるようになります。

映画界では若い世代の監督たちが台頭しつつあり、フランスではゴダールやトリュフォーを中心にヌーベルバーグ（新しい波）の潮流がおこり、国内では大島渚、篠田正浩、吉田喜重といった気鋭の若手監督が松竹ヌーベルバーグの旗印のもとに意欲的な作品を発表していました。

こうした若いエネルギーは政治運動にも向けられ、ノンポリ学生だった高井さんも六〇年安保反対のデモ行進に駆り出されたようですが、そもそも安保条約の条文すら読んだことがなく、争点がどこにあるかもわからなかった、と当時を振り返っています。高井さんにとっては、安保闘争よりも映画だったのです。

大学二年生の夏のこと、高井さんは予期せぬアクシデントに見舞われます。夏休みを利用して高校時代の友人と登山中、体調に異変を感じて急きょ下山。築地の聖路加病院で診てもらったところ、盲腸をこじらせて腹膜炎をおこしていることがわかり、緊急手術を受けることに。

幸い手術は成功したものの予断の許されない状態が続き、医者の見立てでは「今晩が山場」とのこと。手遅れぎりぎりの危ない状態だったわけですね。その晩、高井さんは病床でさまざまな幻覚を見たといいます。本人の回想です。

「中学時代からこれまでわが脳に記憶された映画のシーンが、ものすごい速さで次々と蘇るのである。当時はまだビデオが無かったが、今思えばビデオの早送りを長時間無理やり見せられる感じだった」

人は生死を左右するような危機的な状況に陥ると、自分の一生が走馬灯のように脳裏に蘇るといいますが、高井さんの場合はやはり映画の名場面だったのですね。

こうして九死に一生を得た高井さんの入院生活は一ヵ月間に及びました。そのため夏休み明けの試験を受けることができず留年。二年生を二回繰り返す羽目になるのですが、実はこの「留年」が高井さんの人生を大きく変えることになるのです。

高井さんが大学を卒業した昭和三十九年（一九六四）、日本の映画産業は危急存亡の秋を迎えていました。観客数はピーク時の半分を割り込み、五億人台にまで急落。ピーク時（昭和三十三年［一九五八］）が十一億二七〇〇万人ですから、映画業界の凋落ぶりは一目瞭然。当時の映画会社で株主に配当していたのは東宝と東映だけで、松竹ではリストラが進み、日活は興行の本丸である丸の内日活の売却を検討するという、沈没寸前のドロ船状態でした。

就活期にあった中井さんは、それでも映画会社への就職を決意。迷わず東宝の入社試験を受けます。役員面接で志望動機を問われた際の答弁が、これまた振るっていました。

「精神的に何かと不安定な中学時代から高校時代にかけて、特にぐれることもなく、反抗期も上手に乗り越えられたのは、映画を通じてこの世の森羅万象の一端に触れたお陰だと思う。出来れば今度は映画に少し尽くしたい」

この答弁が役員たちの心を動かしたのかどうかはわかりませんが、高井さんは東宝の入社試験をパス。後から知ったことですが、当時の東宝では一年おきに社員を募集していたそうです。ということは、もし留年せずに四年間で大学を卒業していたら、高井さんの東宝入社はあり得なかったわけです。偶然が神意の別名であるならば、高井さんの映画界入りもまた、神の意志ということになります。

こうして、晴れて東宝の社員となった高井さんは興行部に配属され劇場勤務に。池袋東宝劇場、日比谷スカラ座、日比谷映画、渋谷スカラ座、そして念願の有楽座で営業の仕事に打ち込みます。その後、昭和五十二年（一九七七）には製作部門である東宝映画（砧撮影所）に出向し、『ゴジラ』の生みの親といわれる田中友幸プロデューサーの下、『連合艦隊』『細雪』といったヒット作の製作に携わりました。このうち『連合艦隊』の公開劇場は、奇しくも高井少年が映画に開眼するきっかけとなった、あの有楽座でした。このときの感懐を高井さんはこう綴っています。

「初日を迎え、幸いにも満員になった場内と、有楽座のスクリーンに初めて写った自分の名前のクレジットを見たとき、単純な安堵の気持ちと、えもいわれぬ感慨が交差した。その瞬間、有楽座に抱き続けてきた畏敬の念からようやく解放されたような感じがして、あ、これで自分と有楽座の関係は完結したのだと思った」

東宝のトップへ

昭和五十八年（一九八三）に再び本社勤務となった高井さんは、主に外部の製作プロダクションの窓口となる映画調整部に配属され、伊丹十三監督の長編劇映画デビュー作となる『お葬式』をはじめ、一連の伊丹作品と深く関わります。

さらにこの時代の高井さんは当時の松岡功社長の命を受けて、沢口靖子や長澤まさみなど多数の人気女優を輩出した「東宝シンデレラ」の立ち上げを担い、東宝にとって二十三年ぶりとなる全国規模の新人オーディションを成功に導きました。

こうして映画調整部の仕事にエンジンがかかってきた頃、高井さんの映画人生の出発点ともなった有楽座と日比谷映画の閉館が相次いで決定。半世紀にわたって日比谷の映画街を支えてきた東宝の二大映画館が姿を消すことになったのです。残酷なことに、職場の窓からは有楽座や日比谷映画の解体工事が見えたそうで、

「大きな鉄の玉をクレーンで吊り、劇場の壁面に激突させて有楽座を破壊していく。そのたびに瓦礫が散乱し、つい先日までお客様がいらした劇場の、自分がかつて勤務した職場の無残な姿が白日の下にさらされるのだ。その様子がどうしても目に入ってしまう。ここまでは予想していなかった。まさに馴染んだ劇場の臨終を見るようで、日々、冥福を祈る思いだった」

と、悲痛な心境を吐露しています。

跡地は東宝日比谷ビル（日比谷シャンテ）に生まれ変わり、日比谷の映画街は一変。こうした現象は日比谷にとどまらず、東劇、日劇、テアトル東京など都内のロードショー劇場の大半がこの時期に姿を消すか、再開発の対象となりました。さらにバブル景気が映画館の再開発に拍車をかけ、平成五年（一九九三）には神奈川県海老名市に日本初のシネマコンプレックスが誕生。興行界はシネコンの時代に突入します。

高井さんにとっての有楽座のように、かつての映画体験は作品のクオリティと映画館のそれが不可分の関係にありました。映画館のクオリティとは映写や音響設備だけではなく、個々の劇場が醸し出す固有の品性、風格といってもいいでしょう。

現在のシネコンからそうした雰囲気を感受するのは不可能。無人のプロジェクターから投影されるデジタルの光を見て育った観客に、映画への愛は芽生えるのでしょうか――そんな愚問を高井さんにぶつけてみたら、こんな答えが返ってきました。

「そんなことはどうでもいいんです。映画というのは科学の産物。誕生して百年ちょっとのあいだに映画はさまざまな技術革新を繰り返してきた。サイレントからトーキーへ、スタンダードから大型画面へ……音響もそうです。デジタルだって進化の一過程に過ぎません。フィルム（アナログ）だろうがデジタルだろうが関係ない。お客様は作品を見にくるわけですからね。いまは昔に観た映画を信じられないほどキレイな画面で見られるようになった。むしろ、映画はデジタルによって命を長らえたのです」

個性的な映画館がシネコンに取って代わられたことについては――、

「お客様は映画を単体で楽しむというより、映画も観たい、食事もしたい、ショッピングもしたい。そうしたニーズに応えたのがシネコン。時代の要請です。それにね、私はあまりトイレに行かないんだけど、この体質は映画館で培われた。昔の映画館は一度でもトイレに立ったらすぐに席を奪われてしまうから、我慢するしかなかったんです。シネコンの観客は幸せですよ、全席指定だからね……（笑）」

映画調整部に在籍した十九年の間に、高井さんは部長から役員へと昇格。平成十四年（二〇〇二）には、ついに東宝の社長に就任します。

大企業の経営者ともなれば、人知れぬ苦労も多々あったことでしょう。かつて人後に落ちぬ映画少年だった私は、それでも高井さんの人生をとても羨ましく思います。大好きなものを仕事とし、しかも天下の東宝のトップにまで昇り詰めたのですから。これをラッキーといってしまえばそれまでですが、大学時代の留年のエピソードなども考え合わせると、やはり高井さんは映画の神様から選ばれた稀有な人物、という気がしてなりません。

社長就任後のストーリーにも大いに興味をそそられるのですが、残念ながら有楽座の閉館をもって高井さんは著書の筆を擱いています。謙虚で慎ましい人柄の高井さんのこと、企業トップが手柄話を得々と披露するような、凡百のサクセス本に堕することを惧れたのかもしれません。

麻布十番への想い

平成十八年（二〇〇六）、高井さんは五十三年間住んだ麻布十番を離れます。理由は十番が「人が住むには不向きな街になった」からだといいます。

マハラジャのオープンによって麻布十番が騒がしい街になったことは前に述べましたが、高井さんの自宅は環状三号線を挟んでマハラジャのほぼ真ん前に位置していたため、さまざまな騒音に悩まされるようになります。閉店後の真夜中にディスコ客が大声で騒いだり、寝静まった街にバイクの音が轟いたり、ずいぶんと安眠を妨げられたそうです。

その後、地下鉄の開通によって来街者の数が急増。その三年後に六本木ヒルズがオープンすると、六本木から十番へと観光客が流れてくるようになり、深夜営業の店も増えていきます。街が賑やかになるのは悪いことではないけれども、昭和三十年（一九五五）以前の麻布十番を知る高井さんにとっては、昭和五十年代からはじまる十番の急激な変化にかなり違和感を抱いたことだろうし、こうした変化のすべてを快く受け入れるわけにはいかなかったようです。

マハラジャ旋風や深夜営業化の功罪については前章でも触れましたが、被害を受けたのは古参の商店だけじゃなかったのですね。商店街の発展や新陳代謝を考えれば、街が変化することによって生まれる新たなビジネスの可能性をいちがいに否定できるものではありません。狭いエリアに商圏と住宅圏を包含する麻布十番という街が直面している問題がここにあります。

平成二十三年（二〇一一）、古希を迎えた高井さんは九年間勤めた東宝の社長を退任。このときの感慨を、

「スーッと体が軽くなり、急に視界が開けて周囲の風景がくっきり見えるようになった。（中略）これからは、少し無邪気に映画と向き合えるだろうか」

と記しています。

しかし、社長職から解き放たれた高井さんが、一観客として映画を愉しめるようになったかといえば、そう簡単にはいかなかったようです。「映画業界の人間として有形無形の責任は死ぬまである」からで、「完全にイノセントな気持ちで映画が観られるわけではない」としたうえで、それでも「長年セルフコントロールしてきた個人的な嗜好を、今後の映画鑑賞に反映させることは許されると思う」と、そのころの葛藤を告白しています。

私が高井さんにお目にかかったのは平成二十九年（二〇一七）、社長退任から六年を経過した初春の一日でした。麻布十番の珈琲専門店で向かい合った高井さんは、「いまも一〇〇パーセント一般観客の立場で映画を観ることは難しい」といいながらも、好きな映画を業務用の試写室ではなく、広々とした劇場で愉しんでいる様子。新作はもちろんのこと、見逃していた旧作、もう一度観たい名作などはＤＶＤやブルーレイディスクで鑑賞しているとのことで、自宅とは別のマンションの一室に専用のシアタールームまで設えたそうです。

ちなみにパッケージメディアのコレクションもかなり充実しているようで、あの三谷幸喜をして、

「今、日本で市販されている映画のＤＶＤは、アダルト系を除けばほとんど（高井さんは）所有されているのではないでしょうか。その規模は恐らくＴＳＵＴＡＹＡ渋谷店を越えると推察されます」と云わしめるほど。

八十五歳までは誰にも迷惑かけず、自分の足で自由に映画館めぐりがしたい、という高井さん。遠藤幸雄さん同様、まさに万年映画青年の面目躍如で、その佇まいや口跡には、間もなく八十の齢を迎えるとは思えないほどの若々しさが横溢していました。骨の髄まで映画を染み込ませた高井さんの口から整然と迸り出る独自の映画観は、氏の著書と同じく論理的ながらも情熱的です。

生涯を映画に捧げた高井さん。その出発地点が麻布十番だったということを、私はとても嬉しく、誇りにも思います。いまや映画館はなく、都電も廃止されて、往昔の十番を偲ぶよすがとてありませんが、やはり高井さんにとって麻布十番は特別の存在に違いありません。

なんといっても十代の多感な時期を過ごした場所なのです。人格形成にも少なからず影響を及ぼしていることだろうし、愛着もひとしおのはず。先述した事情で麻布十番の住まいを手放したことは残念ではありますが、新たな転居先を隣街の三田に定めたことも十番への愛着あってのこと、と私は理解しています。

「十番の家もそうだったけど、東京タワーが見える場所にこだわっているのかもしれませんね。日に日に高くなっていく東京タワーの建設過程を見てましたから、自分のなかでは東京タワーが見えてあたりまえ、という意識があるんですよ。三田通りから望む東京タワーは絶景です。十番へは散歩の延長という感じで、ちょくちょく行きます。友だちもいますから……」と語る高井さん。

けっして麻布十番を見限ったわけではなく、良くも悪くも、離れたからこそ見えてくるものもあるといいます。そんな高井さんに、あらためて麻布十番の魅力と、今後の課題について訊いてみました。

「麻布十番が廃れないのは、立地と歴史。やはり歴史のある場所から、人は安心感というか昔の温もりを感じるんだろうね。これが十番の魅力にもなっている。残念なのはカフェが少ないこと。ゆっくり時を過ごせるようなカフェがもっとあればいい。六本木から流れてきた観光客だって、カフェで一休みしたい。（カフェが）ないもんだから、（豆源で）豆でも買って帰ろうということになる。シャンゼリゼのようにカフェを増やすことが課題でしょうね。そうなれば、麻布十番という場所が人々の通過する街ではなく、滞在する街になる」

かつて東宝の社長として劇場や映画街の開発事業にも深く関わった高井さんだけに、苦言もふくめて十番商店街の活性化にはそれなりの意見をお持ちのようですが、本章のテーマから逸れるので割愛します。

それはともかく、都電が走っていたころの麻布十番と、映画全盛期の興行界の実相を知りたい方に、ぜひともこの本――『映画館へは、麻布十番から都電に乗って。』（角川文庫）をお薦めします。

「永坂更科」鼎立の謎
――麻布十番㊙蕎麦屋事情
『蕎麦屋の系図』

なぜ麻布十番に「更科」が三軒？

歴史のある街には、その地域に根ざした伝説が「七不思議」というかたちで語り継がれているものです。いってみれば都市伝説の類ですから、ほとんどが非科学的な怪異譚。とはいえ、一読して荒唐無稽な話のなかに真実が巧みに織り込まれている場合もあるので、記紀を読み解くような面白さもあります。七不思議はそれこそ日本の津々浦々で散見できますが、東京だと「本所七不思議」「八丁堀七不思議」「吉原七不思議」などがポピュラー。

もちろん麻布十番も歴史の古い街だけに、七不思議がしっかり存在します。実際にはとても七つでは収まらないほど多数の怪異譚が伝わっているのですが、参考までに港区のホームページから〝公式版七不思議〟を列挙すると、「柳の井戸」「狸穴の古洞」「広尾の送り囃子」「善福寺の逆さ銀杏」「蟇池《がまいけ》」「長坂の脚気石」「一本松」ということになるようです。

『蕎麦屋の系図』
（岩﨑信也、光文社知恵の森文庫）

民俗学研究者の川副秀樹さんの著書によると、七不思議は水辺の聖域、橋のたもと、坂や高台の入り組んだ台地の端に発生しやすいそうなので、まさに麻布にぴったりという気がします。麻布の七不思議に興味のある方は、川副さんの『東京の「怪道」をゆく』（言視舎）をお薦めしておきます。

さて、ここからが本題なのですが、いにしえの七不思議はともかく、私にとって麻布十番の〝現代の七不思議〟ともいえるものが、「更科蕎麦」なのであります。

十番を訪れたことのある方ならご存じだと思いますが、麻布十番には「更科」を店名に含んだ蕎麦屋が三軒もあるのです。「麻布永坂更科本店」「永坂更科　布屋太兵衛　麻布総本店」「総本家更科堀井」がそれで、更科の二文字もさることながら、それぞれが〝総本店〟だの〝本店〟だのを名乗っているものだから、ドえらくややこしい。

私が十番小僧だった昭和四十年代には「更科堀井」はまだなく、新一ノ橋交差点の西側の角に「麻布永坂更科」が、十番商店街の中ほどに「永坂更科　布屋太兵衛」が店を構えて人気を二分していました。といっても、私もふくめて地元民は更科に蕎麦を食べにいくことはほとんどありませんでした。「麻布永坂更科」は商店街のメインストリートからやや離れた位置にあるので「面倒くせえ」ということになり、「永坂更科　布屋太兵衛」は蕎麦屋にしては店のたたずまいがゴージャスで（蕎麦屋というよりも高級な天ぷら屋の雰囲気）、店員もなんとなく気位が高そうなので入店をためらってしまう。こうした店は出前も受け付けていないので、庶民にとってはますます遠い存在になっていくばかりでした。

それはともかく、麻布十番という狭いエリアに、なぜ類似度の高い更科蕎麦屋が鼎立しているのか、疑問に感じた方も多いのではないでしょうか。私にとっても長年の謎で、十番小僧の時分には「麻布永坂更科」が「永坂更科　布屋太兵衛」の支店と思い込んでいました。

求めよ、さらば与えられん、叩けよ、さらば開かれん……ということで、平成十五年（二〇〇三）、積年の疑問にズバリ解答を与えてくれる本が出版されました。蕎麦研究家にしてフードジャーナリストの岩﨑信也氏が著した『蕎麦屋の系図』（光文社新書。後に文庫化）がまさにそれ。全六章中の一章分を割いて、麻布十番の更科鼎立の謎を一刀のもとに解決してくれたのです！

江戸時代から高級店だった永坂更科

およそ老舗といわれるほどの店であれば知られざるエピソードの一つや二つはあるものですが、麻布の更科蕎麦屋の歴史は複雑な人間ドラマが相互に重なり合って、その面白さは群を抜いています。

すべての発端は江戸期の寛政二年（一七九〇）、信州保科村（長野市南東部）出身の堀井清右衛門が麻布永坂町に蕎麦屋を構えたことでした。

堀井家は信州特産の信濃布を商う太物《ふともの》の行商を生業としており、清右衛門はその八代目でした。先祖は代々、この信濃布を売りさばくために江戸へも上っていましたが、その折には麻布網代町にあった保科家（もと伊那高遠城主。発祥は信州保科村といわれる）江戸屋敷内の長屋に滞在することを許されていました。この慣例にならって清右衛門も江戸を訪れた際には保科家の長屋に逗留していたのですが、この清右衛門さん、とにかく蕎麦打ちが得意。たぶん自分が打った蕎麦を長屋に住む保科家の家臣にも振る舞ったことでしょう。

いつしか清右衛門の打つ蕎麦は屋敷内でも噂になり、この蕎麦を食した当時の七代目藩主・保科正率《まさのり》は清右衛門に蕎麦屋への転業を勧めます。お殿様の舌を満足させたところをみると、清右衛門の打つ蕎麦のクオリティは相当のものだったと推察されます。

というわけで、藩主の勧めにしたがって麻布永坂町に蕎麦屋を出店した清右衛門。堀井家が信濃布を商っていたことから屋号を「布屋」として、「信州更科蕎麦所布屋太兵衛」の看板を掲げました。「更科」の語源は、当時、信州蕎麦の集積地だった「更級」の「級」の音に、保科家から許された「科」の字を当てたといわれていますが、実はここがミソ。

単に信州蕎麦ということを名目にするだけなら、「更科」という造語を使うまでもなく、「更級」でもよかったはず……と著者の岩崎氏は指摘しています。つまり、あえて「更科」という文字を看板に使用することで、創業に保科家が深く関わっていることを後世に伝える意図があったとも解釈できるわけです。たぶん開業資金も保科家が援助したのでしょうから、その大恩に報いるという意味合いもあったかもしれません。

また、本来なら「布屋清右衛門」でよかったものを「布屋太兵衛」としたことについて、岩崎氏は「理由はわからない」としながらも、堀井家の代々の生業だった「太物商」との関係を臭わせています。太物の「太」の文字をとって太兵衛……この推測には説得力があります。

さて、清右衛門が開業した蕎麦屋はすこぶる評判がよかったようで、保科家との関係から大名屋敷や有力寺院などにも出入りするようになり、短期間のうちに名声を高めていったといいます。

江戸期の麻布永坂町といえば、永坂を挟んで西側エリアには武家の屋敷町が形成され、東側の町屋エリアには寺が蝟集していました。白足袋関係者やハイソな上得意を獲得するには打ってつけの立地条件を満たしていたことになります。いまでいえば、元麻布や西麻布に高級寿司店や隠れ家的な焼肉屋を出店するようなもので、そうした富裕層をターゲットにすべく麻布永坂町での開業を勧めたのだとすれば、保科家のビジネス感覚もかなりなもの。というより開業までの経緯から想像するに、保科家こそ実は「信州更科蕎麦所布屋太兵衛」の裏オーナーか、共同経営者的な立場にあったんじゃないの？……そんなふうに邪推するのは私だけでしょうか。

実際、清右衛門の店は開業当初から高級蕎麦屋で鳴らしていたようです。ここで「江戸時代の蕎麦といえば庶民の食いモンじゃねえのかい！」と鼻息も荒く本書を抛り出そうとした江戸っ子の読者諸氏、ちょいとお待ちくだされ。実は私もそう思っておりましたのです。が、真実はさにあらず。岩崎氏の著書によれば、江戸期でも寛延（一七四八年〜一七五一年）のころの蕎麦業界では、すでに器などに凝った高級店と安さが売りの大衆店との二極分化が進んでいた、というのです。

たとえていうならば、江戸の昔から、庶民は室町砂場赤坂店の「種込天ぷらそば」（二六〇〇円）にするか、富士そばの「かけそば」（三〇〇円）か、はたまた、ゆで太郎の「かきあげそば」（四二〇円）を食すか、その日の気分や懐具合によってチョイスできたというわけですね。

それはさておき、高級蕎麦として江戸中に喧伝されるようになった「布屋太兵衛」は順調に業績を伸ばし、四代目の時代には将軍に蕎麦を献上するまでに。いまでいえば宮内庁御用達といった栄誉ですが、現在でも同店の名物になっている「御前蕎麦」にはこうした由来があったわけです。

ちなみにこの御前蕎麦、蕎麦の実の甘皮を除き、芯のみをぜいたくに打ち上げた純白の蕎麦で、見た目は冷や麦のよう。上品すぎて、蕎麦を食っているという実感に欠けるので、私自身は好んで食することはありません。

創業家の没落と二軒の永坂更科

明治期に入っても「布屋太兵衛」は東都を代表する蕎麦店として隆盛を誇り、『東京名物志』（明治三十四年［一九〇一］刊）にも「『永坂の更科』といえば誰知らぬ者なき蕎麦の老舗なり」と紹介されているほど。同書の解説文には「値廉ならざれども風味は極めて美なり」（値段は安くないよ。けど風味は絶品だよ！）との記述もあり、同店が依然として高級路線を堅持していたことがわかります。そんな気風を皮肉ってか、同書では蜀山人（大田南畝）が詠んだとされる次の狂歌も紹介されています。

《更科の蕎麦はよけれど高稲荷
森を睨むで二度とこんこん》

高稲荷《たかいなり》は店の裏に鎮座していたお稲荷さん（三田稲荷とも）。この高稲荷に掛けて「高いなり」、森を盛り蕎麦の「盛り」に掛け、お稲荷さんのキツネの啼き声（こんこん）を「来ん来ん」に掛けるという、思わず膝を打ちたくなるような風刺の効いた狂歌です。「どんなに旨い蕎麦でも、俺っちにゃ手が届かねえや」という当時の江戸庶民の本音が聞こえてきそうじゃないですか。

先述しましたが、あの正岡子規も「蕎麦屋出て永坂上る寒さかな」という一句を遺しています。

で、この句のポイントは「寒さかな」にあるのではないか、と私は思っています。音に聞こえた永坂更科の蕎麦はたしかに旨いけれども、いかんせん値段が高すぎるぞ。お陰で俺の懐はすっかり寒くなってしまったわい。そんな子規の心の声を聞くのは私だけでしょうか……。

というわけで、江戸期から明治を経て隆盛を重ねてきた「布屋太兵衛」でしたが、栄耀栄華が永遠に続くことはありません。盛者必衰は歴史の常、宇宙の法則でもあります。

大正十二年（一九二三）に関東大震災が発生。昭和に入ると金融恐慌や世界恐慌に端を発した昭和恐慌が追い打ちをかけます。そうした大不況のなかで、堀井家でも出資していた麻布銀行が倒産。昭和六年には満州事変が勃発し、日中戦争下の昭和十五年（一九四〇）八月には飲食店での米飯と昼酒が禁止となり、九月には東京府によって麺類の公定価格が告示され、値段ばかりか麺の分量から具材の内容までが事細かに指定されてしまいます。

蕎麦屋に限らず、戦時体制下での飲食店経営はなかなか思うに任せないものですが、こと堀井家に関しては、出資先の麻布銀行が倒産したことで家産が傾き、そこへ七代目当主の松之助の遊蕩が拍車をかける形となり、昭和十六年（一九四一）、ついに堀井家が創業した永坂更科（信州更科蕎麦所布屋太兵衛）は廃業に追い込まれるのです。

これをもって永坂更科の看板が絶えてしまっていたなら現在のように十番エリアに三軒の更科が鼎立するという怪異は起こらなかったわけですが、戦後すぐの昭和二十三年（一九四八）、一之橋に「永坂更科本店」の看板を掲げる蕎麦屋が出現したことから、にわかに話が込み入ってきます。

この店の経営者は一之橋のたもとで料理屋を営業していた馬場繁太郎。馬場は戦後の混乱期に七代目松之助と店名使用の承諾書を交わしていました。戦後の堀井家の財政は、伝統の看板を他人に譲渡しなければならないほど逼迫していたのでしょう。

店名の「永坂更科」をめぐっては後に裁判沙汰にまで発展するのですが、ともあれこの店が現在、新一の橋交差点の北西角で営業中の「麻布永坂　更科本店」（通称・馬場更科。麻布十番一－二－七）ということになります。

翌年になると、創業家の堀井家を担いで〝本家更科〟を再興しようという動きが起こり、十番商店街で玩具店（現・こばやし玩具店）を営んでいた小林家の小林勇の呼びかけで、合資会社麻布永坂更科総本店が設立されます。無限責任社員は小林と七代目松之助夫妻で、有限責任社員には商店街の組合長を務めていた木村政吉（復興七人衆の一人）も名を連ねています。

こうして十番商店街のド真ん中に誕生したのが現在の「永坂更科 布屋太兵衛 麻布総本店」（通称・小林更科。麻布十番一－八－七）で、この店の強みは設立メンバーに堀井家の直系七代目が参加していたことでしょう。直系の更科を名乗ることで先行の馬場更科を牽制できるし、世間に対しても「うちが本家更科だぜぇ！」とアピールできるわけです。

小林の経営手腕は大したもので、開店間もなく法人として「永坂更科」を商標登録し、昭和二十八年（一九五三）には新丸ビル内に支店を出店。昭和三十年代に入ると、合資会社麻布永坂更科小林勇という自身の名を冠した別会社を設立し、渋谷の東急文化会館に支店を出すなど快進撃が続きます。さらに昭和三十六年（一九六一）には二つの合資会社を合併。小林が代表権を持つ株式会社永坂更科布屋太兵衛が誕生。「布屋太兵衛」の名を商標登録しました。

いっぽう堀井家はどうなったかというと、大学を卒業した直系八代目の堀井良造が昭和三十五年（一九六〇）に最初の合資会社に入社。専務取締役として経理や人事などを担当するも、翌年の株式会社設立によって代表権が小林に移ると、両者の間にさまざまな齟齬や軋轢が生じてきます。

これは私の想像ですが、代表権を手中におさめた小林の専制的経営を、堀井家の人々は潔しとしなかったのではないか。堀井家にしてみれば、始祖伝来の「布屋太兵衛」の大看板まで奪われてしまったわけですからね。

とはいえ大学を卒えたばかりの良造にはどうすることもできない。ここはひとつ、耐え難きを耐え、忍び難きを忍びつつ、小林更科を盛り立てるしか方途はなかったのではないか、と私は推察します。

創業家の逆襲と屋号争いの顚末

こうして二十数年間にわたる雌伏の時代を経て、ついに良造は小林更科と袂を分かち、独立。昭和五十九年（一九八四）、十番商店街の西に堀井家直系の蕎麦処を開店するのです。ところが――!!

独立にあたって、良造は屋号を「信州更科布屋総本家」と定めました。正真正銘、堀井家直系の更科蕎麦処なのですから、看板に偽りはありません。が、そこに小林更科が「布屋」の使用権を盾に待ったをかけたのです。先述のとおり、すでに「布屋太兵衛」は小林更科（株式会社永坂更科布屋太兵衛）によって商標登録されており、小林の主張にも妥当性はあったわけです。

この騒動は裁判となり、堀井家側が店名から「布屋」をはずし、「総本家更科堀井」とすることで決着。直系の堀井家が「布屋太兵衛」を名乗れないという、なんとなく間尺に合わない結末を迎えたのでした。

小林更科ではこれ以前にも馬場更科（麻布永坂更科本店）を相手取り、類似商号の使用禁止を求める民事裁判を起こしていましたが、こちらの方は「被告会社の創立者（馬場繁太郎）が、七代目堀井太兵衛（松之助）から永坂更科の使用許可を得ている」として、小林側の請求を棄却。馬場更科の店名である「麻布永坂更科本店」の「永坂」と「更科」の間にスペース（空白）を入れ、「永坂更科」を強調しないという取り決めをもって両者は和解したのでした。現在の馬場更科の店名表記が「麻布永坂□更科本店」になっているのには、実はこうした事情があったのです。

というわけで、創業家の廃業に端を発した「永坂更科」の商号をめぐる争いを経て、現在、麻布十番に「麻布永坂　更科本店」（馬場更科）、「永坂更科布屋太兵衛（麻布総本店）」（小林更科）、「総本家更科堀井」（堀井更科）が鼎立することになりました。

この三店、いずれも店名に「本店」「総本店」「総本家」などの名称を冠しているため、十番ビギナーには煩わしいことこの上なし。ポン友の上原クンのように「どこが本家だろうがいいんじゃネ。俺っち更科なんて行かねえから」と宣言するジモティは別にして、やはり地下鉄に乗って麻布十番にやってくる来街者は店の血統が気にかかるようです。

私もかつて「どの店がホンモノの更科なの？」という質問を受けたことがあり、答えに窮したことがありましたっけ。でも本音をいえば、あの店がホンモノで、この店がニセモノという話ではないのです。三店いずれの創業にも堀井家が関与しているからです。確実にいえることは、初代・布屋太兵衛の直系が経営する店が「総本家更科堀井」であるという、事実のみ。

ここまで書いてきてナンの話ですが、本家だろうが総本家だろうが、重要なことは旨い蕎麦を食わせること。これに尽きるのではないでしょうか。

そこで読者のみなさまにお勧めしたいのが、三店の蕎麦の「食べくらべ」です。

店によってタネもののメニューは異なるので、ここはひとつ三店共通の純白の更科蕎麦で勝負してください。この品名、馬場更科と小林更科では初代・布屋太兵衛以来の「御前蕎麦」を継承し、直系の堀井更科では単に「さらしな」と呼んでいるのが不可解ではありますが、いずれも蕎麦の実の芯の部分を使っているところは同じ。

さて、同じ更科蕎麦とはいえ、ひと箸口にふくめば、その差は歴然。好みは人それぞれですが、のど越し&香りともに、私なら断然「○□×△」に軍配を上げます。

不親切なようですが、ぜひともみなさんご自身の舌で「○□×△」の店名を言い当ててくださることを切に願っております。

ハリウッド映画に十番商店街が登場!?

映画『栄光への賭け』

意外に少ない十番ロケ

麻布十番が小説の舞台として採り上げられることが少ないのと同様、麻布十番を舞台にストーリーが展開する映画やテレビドラマもほとんどありません。街の知名度が高い割には不思議ですね。

私の記憶では、一九八八年十月からフジテレビ系列でオンエアされた連続ドラマ『金太十番勝負!』以外に十番をメイン舞台にしたテレビドラマは思い浮かびません。ちなみにこのドラマ、当時人気絶頂だった田原俊彦が老舗せんべい屋の主人を演じたコメディで、昭和三十年（一九五五）に十番商店街で開業した『たぬき煎餅』（麻布十番一－九－一。昭和三年に柳橋で創業）がモデルになっていました。

メイン舞台ということでなければ、十番界隈でロケーションされた映画やドラマはけっこうあるのですが、ストーリーに直接かかわらない、つまり、あってもなくてもいいようなシチュエーションで登場するケースが大半で、キスシーンの背景とか、タイトルバックの実景に使われたりする場合が多いようです。

いくぶんマシなケースを挙げれば、ブラッド・ピット主演の『バベル』（二〇〇六年）に登場する「一の橋公園」の噴水広場。この公園は十番界隈でもロケで使われる頻度が高く、フジテレビ系『東京ラブストーリー』（一九九一年）のオープニングにも使われていました。

公園といえば、前述した「新広尾町公園」もフジテレビ系『東京タワー』の第三話（二〇〇七年）に登場してましたっけ。

他にも私の知る限り、沢田研二主演の『太陽を盗んだ男』（映画。一九七九年）、相米慎二監督の『ラブホテル』（映画。一九八五年）、松田優作主演の『ア・ホーマンス』（映画。一九八六年）などにも馴染みのある十番界隈の風景が出てきました。

そんなこんなで、いまひとつパッとしないネタばかりなので、「なんか、ねェのかな……」と十番だよりのバックナンバーを漁っておりましたところ、昭和四十四年の六月号にちょいとイケてる記事を発見。左記がその全文です。

《五月三日、十番商店街一帯において二十世紀フォックス社の『ザ・ゲームス』のロケーションが行われました。この映画は一人のマラソン選手を主人公に、その喜怒哀楽を描いた物語で、名監督マイケル・ウィナーによりいかに描かれるか公開が楽しみです。

ロケーションに際しては選手三十名、警官五十名、見物人二百名、など大量のエキストラを動員し、主な商店の看板をかけかえるなど大がかりなものでした。

商店街としても前夜より装飾部をはじめ理事会員が飾りつけに協力し、当日も混雑のために殆どの店が半分休業状態でしたが、街の発展のために交通整理や休憩の接待に労をおしみませんでした。》

あのライアン・オニールが十番商店街に！

ハリウッドを代表する二十世紀フォックス社が十番商店街ロケ！

すわ一大事とばかりに友人の映画ライターに問い合わせてみたところが、『ザ・ゲームス』なんてタイトルの映画は見たことない、というスゲない返事。が、十番だよりがガセネタを伝えるはずはないし、記事にはロケ風景の写真が二枚も掲載されているのです。

そこで、［The Games］［movie］という検索ワードでググってみたところ、簡単にヒット。

この映画、『栄光への賭け』（原題は「THE GAMES」）という邦題で、昭和四十五年（一九七〇）八月一日に公開されていました。記事どおり、監督はマイケル・ウィナー（代表作はマーロン・ブランド主演の『妖精たちの森』やチャールズ・ブロンソン主演でヒットした『狼よさらば』など）。

主演はマイケル・クロフォード、ライアン・オニール、アソール・コンプトンで、この三人が国籍や境遇の異なるマラソン選手に扮し、それぞれがオリンピックを目指して奮闘努力するというスポ根もの。マラソン選手が主人公であることや公開日とロケ日の整合性から、この映画で間違いねえと踏んだ私が、さっそく『栄光への賭け』のＤＶＤを注文したことはいうまでもありません。

しかし……この映画、正直いってガッカリでした。十番商店街が登場するシーンは九十七分の全篇中、開巻後、五十四分から五十五分のわずか一分。カット数にして十四カット。

東京でおこなわれた国際マラソンに参加したアメリカ人選手（ライアン・オニール）が十番商店街をヘロヘロになりながら走るという設定なのですが、シーンそのものが短いうえに俳優のアップがやたらと多く、商店街全体を引き（ロング）で撮ったカットがほとんどないのですよ。

おまけに演出は粗っぽくストーリーも単調ときている日にゃ、ふつうだったら「金返せ！」と叫んでいるところですが、昭和四十四年（一九六九）当時の十番商店街を記録した貴重な映像資料と考えれば、二千数百円の出費もけっして惜しくはない……と自身を納得させ、ホコを収めた次第であります。

参考までに書き添えると、この映画、まったく当たらなかったようです。地味な内容もさることながら、まず邦題がイケてませんよ。「栄光への」は、かつての名作『栄光への脱出』を想起させるものの、いかにも陳腐。「賭け」にしても、当時人気絶頂だったスティーブ・マックイーンのヒット作『華麗なる賭け』にあやかろうとしたのか、いかにも二匹目のドジョウ狙いという印象。

……と、さんざん腐しておいてナンですが、ハリウッド・スターのライアン・オニールが十番商店街を走ったという事実だけは誇ってもよいのではないかと思います。彼は翌年の三月に日本公開された『ある愛の詩』のオリバー役で大ブレーク、映画雑誌の表紙を飾るほどの人気スターに躍り出ます。

もし、こちらの作品が先に公開されていたら、たぶん『栄光への賭け』もそこそこのスマッシュヒットを飛ばしていただろうし、ロケ地となった麻布十番ももっと注目を浴びていたに違いありません。それを思うと、残念。

ついでながら（実は重要！）この作品、ソースによって製作国がアメリカだったりイギリスだったりするのですが、監督やスタッフが英国人であることや、作品のテイストを見ても、たぶんイギリス映画なのではないかと私は思います。

ま、二十世紀フォックスが配給したことは間違いないようなので、ハリウッド映画と勘違いしても無理はないのですけど。念のため……。

第五章

秘史・麻布事件簿

善福寺にあるハリス記念碑

幕末血風録

麻布キラー通り

黒船の来航以来、幕末の表舞台に登場することになった麻布十番。折しも日本が近代国家へと脱皮しようとする激動期で、佐幕派と倒幕派、攘夷派と開国派が火花を散らし、テロリズムが横行していた時代だっただけに、麻布界隈でも血なまぐさい事件が多発しました。

とりわけ新一の橋交差点から赤羽橋を通過して芝公園に至る「環状三号線」（都道三一九号）の路上では幕末史に残る暗殺事件が起きており、ゆえに私は、この道路の一之橋から中之橋までの約四〇〇メートルの区間を「麻布キラー通り」と呼んでおります。

ちなみに世間一般で「キラー通り」というと、外苑西通りの港区南青山から渋谷区神宮前までの区間を指しますが、その由来は「沿道に青山墓地があるから」「交通事故の死亡者が多いから」など、とても曖昧。[killer ＝殺人者] という本来の意味においては、こちらのほうが正真正銘「キラー通り」という通り名にふさわしいと思うのですが、沿道にお住まいの方には迷惑な話かも。

それはともかく、問題の暗殺事件ですが、まずは井伊直弼が桜田門外の変に斃れた万延元年（一八六〇）、アメリカ公使ハリスの通訳官だったヒュースケンが中之橋で暗殺され、その三年後の文久三年には、攘夷派の志士・清河八郎が一之橋で惨殺されます。この二つの事件、実は不思議な因縁で結ばれているのですが、本題に入るまえに、時代背景を概観しておくことにしましょう。

安政三年（一八五六）七月、日米和親条約によって開港した伊豆半島の下田に米領事館を開いたアメリカ総領事のタウンゼント・ハリスは翌年、幕府の反対を押し切って江戸を訪問。日本と通商条約を結ぶために幕府側との交渉に入ります。

ハリスの粘り強い説得により、安政五年に日米修好通商条約が締結されると、幕府はオランダ・ロシア・イギリス・フランス・ポルトガル・プロイセン・スイス・ベルギー・イタリア・デンマークなどの諸外国とも次々に条約を結ぶことに。これはハリスの要求した「自由貿易」と「外交使節の江戸駐在」を幕府側が認めたということでした。

そんな幕府側にとって、とりわけ頭の痛い問題は外国公館の開設場所でしたが、結果として、主な外国公館が現在の港区エリア（麻布と高輪一帯）に置かれることになったのには理由があります。

繰り返しになりますが、理由の第一はまず、港区エリアは海に面しており、外国人たちの上陸地点（横浜）に近いこと。次に港区エリアには由緒ある大寺院が多数あり、公的な施設として多人数を受け入れる設備を整えるのに好適だったこと。さらに幕府側の本音として、江戸市街（江戸城の周辺）を避けたかったこと、などが挙げられます。プラス麻布エリアの場合には、古川の要所に簡便な揚陸場を備えていたことも好都合でした。

以上の理由のほかに、外交使節団が居留地に「格式」を求めたことも無視できない事実です。いくら外交使節を受け入れるための諸条件を満たしていたとはいえ、仏教の修行場でもある寺は宿泊のための専用施設ではありません。欧米のＶＩＰに相応のホスピタリティを提供するのであれば、寺院よりも旅館（旅籠）のほうが断然、適しているはず。にもかかわらず、欧米の使節団はホスピタリティよりも、居留施設の格式を重んじていたことが当時の資料からも窺えるのです。その結果、各国使節団の滞留先には、格式のある寺院ばかりが選ばれることになります。

日米修好通商条約の締結によってアメリカ総領事から公使に昇格したハリスの居留した「麻布山善福寺」も、そうした格式と歴史のある名刹でした。

麻布山善福寺

古川が「麻布十番の母」ならば、さしずめ麻布山善福寺は「麻布十番の父」と称しても過言ではないでしょう。第一章にも書きましたが、なにしろ麻布十番という街自体が善福寺を起点に発展してきたという経緯があるほどですからね。

伝説によれば開創は天長元年（八二四）。これが事実なら、東京二十三区内では浅草の金竜山浅草寺（六二八）に次ぐ古刹ということになります。開基は弘法大師＝空海といわれ、鎌倉時代に真言宗から浄土真宗に改宗。境内や墓所域には、空海由来の「柳の井戸」（港区指定文化財）や、親鸞の手植えという「逆さイチョウ」（国指定天然記念物・第一章参照）などがあり、参拝者の目を惹きつけております。

雑式通りから参道に入ると、すぐ右側にあるのが「柳の井戸」。空海が鹿島大明神に祈りながら錫杖を地面に突き立てたところ清水が湧き出したという伝説があり、井戸の横に柳の木があること

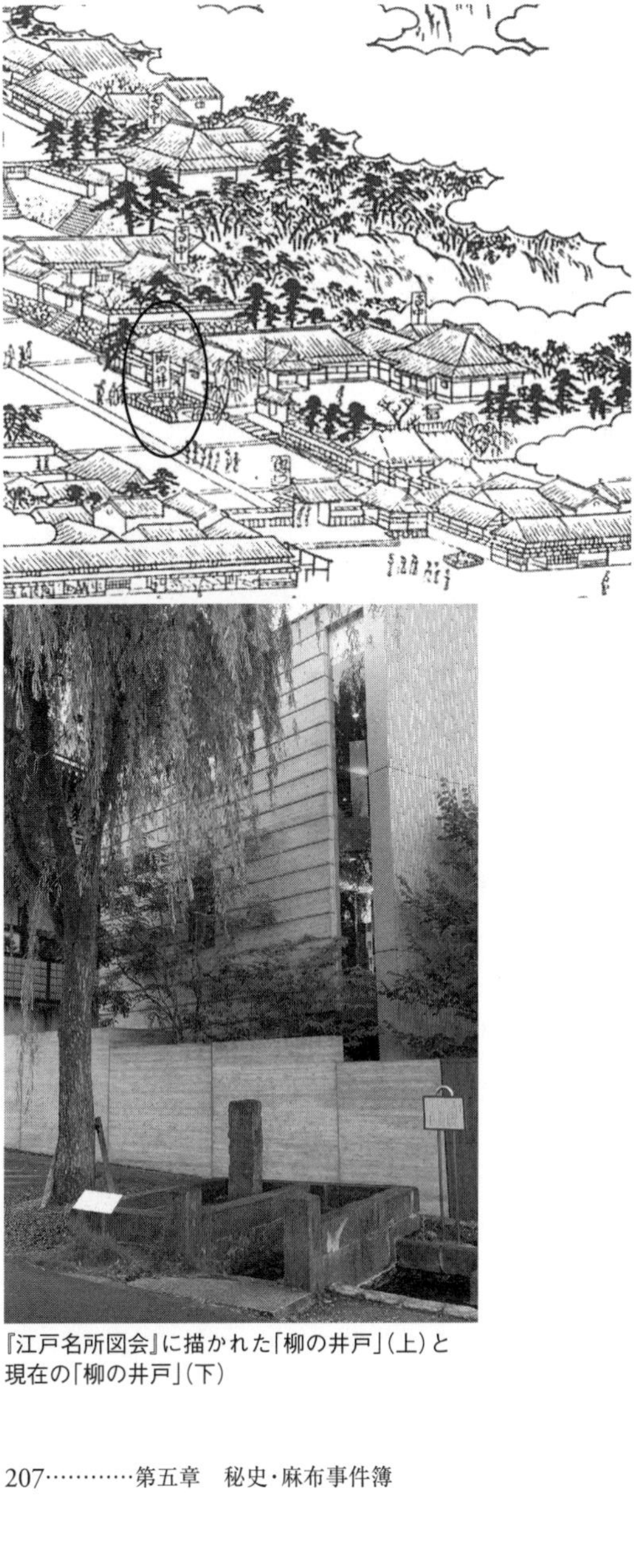

『江戸名所図会』に描かれた「柳の井戸」（上）と
現在の「柳の井戸」（下）

から、昔からこの名で親しまれてきました。江戸名所図会を見ると、井戸の様子が昔も今も変わっていないことがわかります。

もともと台地と谷地からなる麻布エリアは地下水が湧出しやすい地形。仙台坂沿いには地下十メートルから汲み上げた地下水でコーヒーを淹れるカフェがあるぐらいで、弘法大師うんぬんは日本全国によくある空海にまつわる奇跡譚のひとつに過ぎないのでしょう。こんなことをいうと元も子もなくなりますが、そもそも空海自身が東国を巡礼したのかどうか、私には疑問なのです。ま、しかし、ここは史実を重視するより、往古の庶民たちの大師信仰の篤さに思いを馳せれば十分に思います。

十番小僧の時代、この「柳の井戸」も悪ガキどもの遊び場のひとつになっていました。夏場にのどが渇くと、ちょろちょろ湧き出ている冷たい清水をすくって飲んだものです。昭和四十年代当時には、現在のようにお金を払ってミネラルウォーターを購入する習慣などなく（水と空気はタダといわれた時代）、戸外での冷水補給といえば、一の橋交差点にあった協和銀行の給水器か、柳の井戸の清水と決まっていました。近頃では、この井戸で小学生の姿をさっぱり見かけなくなりましたが。

このお寺、実は麻布小僧たちの想像をはるかに超えた名刹で、寺史によると、真言宗から浄土真宗に改宗後、一向一揆に蜂起した石山本願寺が織田信長に侵略された際、援軍の僧侶をおくり、後に天下を掌握した豊臣秀吉からは寺領を安堵（権力者から土地の所有権を賜ること）されたといいます。江戸時代には三代将軍・徳川家光が建築の粋を集めた本堂を寄進。しかも、ここから一キロも離れた虎ノ門が、もともとは善福寺の山門跡だったというからスケールも権威も桁外れの寺院だったわけです。

残念ながら前述した空襲で、本堂をはじめ伽藍のすべてを焼失。現在の本堂は昭和三十六年(一九六一)に再建されたものですが、こちらも徳川家康が建立した東本願寺八尾別院本堂を移築したものだそうですから、どちらにしても歴史的価値の高い建造物ということになりますね。

そうした格式とプライドゆえか、このお寺、マスコミの取材にもほとんど非対応。所蔵している歴史的な重要資料——たとえば、役僧が記した米使節団の滞留日誌「亜墨利加ミニストル旅宿記」(港区指定文化財)なども非公開で、排他主義的な臭いをそこはかとなく漂わせているのが特徴です。そう思うのは私だけかもしれませんけど……。

日本初のアメリカ公使館

アメリカ公使に昇進したタウンゼント・ハリスが米公使館に指定された善福寺に到着したのは、安政六年(一八五九)六月八日のことでした。

その四日前の六月四日には、イギリス総領事(後に公使)のオールコックが高輪の東禅寺(港区高輪三-十六-十六。善福寺から直線距離で二キロ)に入っています。先述した「亜墨利加ミニストル旅宿記」によると、英国の使節団も当初は善福寺を滞留施設の候補地にしていたようですが、東禅寺のほうがお気に召したとみえて、善福寺の検分を取りやめたのだそうです。ということは、イギリス側の事情によっては、善福寺が日本初の英国公使館になっていた可能性もあったわけですね。

米国使節団は、ハリスと通訳官のヒュースケンはじめアメリカ人が十八〜十九人と意外に少人数だったようで、他に専属の料理人としてハリスに帯同した日本人給仕が十人前後。当初は奥書院と客殿を公使館として使用し、ヒュースケンは善福寺の子院だった「善光寺」を宿舎にしていました。この他にも、境内にはＶＩＰを警護する侍たちの詰所なども設置されていたので、当時の善福寺の大部分は日米の外交関係者であふれかえっていたものと思われます。いってみれば、町域の八五パーセントを米軍基地に占領された嘉手納状態ですな。

そんな具合ですから、いくら幕府の下命とはいえ、善福寺にとってはまったくもって迷惑千万の話でした。それも道理で、開国に積極的でない檀家の大名などは離檀してしまうし、セキュリティを優先するためには、法要・法談などの通常の仏事すら思いに任せず、一般の参詣なども厳しく制限されてしまうわけですから、寺側にしてみれば営業妨害もいいところ。

実際、アメリカ公使館に指定されて以降、善福寺の経済状況はかなり悪化。給付金を求める嘆願書を繰り返し幕府に提出しましたが、財政難は幕府も同じで、善福寺では門前の地代で寺の維持費を捻出するなど困窮した生活を強いられることになります。

しかも、寺側が被ったデメリットは経済面だけではありませんでした。攘夷派テロリストたちの標的になる危険をも覚悟しなければならなかったのです。折しもハリス一行が善福寺に到着した翌月には、横浜でロシア士官が殺害されるという事件が発生。十月には、尊攘派を厳しく処罰する

「安政の大獄」が執行され、吉田松陰、橋本左内ら八名が獄門・打首・切腹に。国内が騒然とするなか、尊皇攘夷派の活動がますます激化していきます。

このような緊迫した世情のなかで善福寺も災厄から逃れることはできず、文久三年（一八六三）には水戸藩士の放火によって、庫裏・書院・太子堂などを焼失しています。むろん外国公館をターゲットにしたテロ攻撃は善福寺だけにとどまらず、イギリス公使館にいたっては、文久元年（一八六一）に高輪の「東禅寺」が水戸藩士の襲撃を受け、翌年には品川の御殿山に建設中だった公使館が長州藩の焼き討ちに遭うという、踏んだり蹴ったりの有様でした。

というわけで、幕府からの給付も十分に受けられないわ、攘夷派の標的にされるわで、まさに弱り目に祟り目。だからといって、寺院には国家の庇護によって存立してきたという歴史的経緯がある以上、幕府の命令を無碍に退けることは難しく、これはもう、ひたすら耐え忍ぶしかなかったわけですよ。

善福寺にはハリスが着任した安政六年から、明治八年（一八七五）まで、十六年間にわたってアメリカ公使館が置かれましたが、よくぞ持ち堪えたものだと思います。

文久二年（一八六二）、公使の役を解かれて本国へ帰国することになったハリスは、感謝の印として善福寺住職の広海に金百両を贈りましたが、この一事をとっても、善福寺の僧侶や裏方たちのハリスに対する献身ぶりが想像できます。私感ですが、アメリカ人という未知の異人たちに誰よりも早く接することになった善福寺の人々は、日々の交流を通じて彼らとの絆を深めながら、自分たちにはなかった西洋の文化や合理精神といったものについて、次第に蒙を啓かれていったのではないかと思うのです。

のちに日米友好の印として建立された「ハリス記念碑」は、古河市兵衛、福澤諭吉らと一緒に公使館時代の善福寺に出入りし、ハリスから英語を学んだという三井物産創立者・益田孝の尽力によって、昭和十一年（一九三六）に建てられたもの。戦時中には当時の照海住職が国内の反米感情と空襲被害から守るため、記念碑を土中に埋めたという涙ぐましいエピソードが残されています。

そうした奮闘努力があったからこそ、令和に生きる私たちも、この貴重な記念碑を拝覧することができるというわけです。ありがたいことですねえ、まったく。

日本を愛した青年

初代アメリカ総領事（後に公使）ハリスの通訳兼書記官として、ヒュースケンが日本にやってきたのは彼が二十三歳のときでした。

一八三二年（天保三年）にオランダのアムステルダムで商人の子として生まれたヘンリー・コンラッド・ジョアンズ・ヒュースケンは、二十一歳でアメリカに移住。ニューヨークで貧しい生活をおくっていましたが、ヒュースケンには語学の才能があり、母国のオランダ語はもとより、英語、フランス語、ドイツ語にも堪能なマルチリンガルでした。

ほどなくして、日本に赴任するハリスが英語とオランダ語のできる通訳を探していることを知ったヒュースケンは、さっそくこの公募に応じて採用されます。ちなみに、なぜオランダ語の通訳を必要としたかといえば――鎖国政策下にあった日本で交易を許されていたのは中国とオランダだけで、しかも日本は蘭学を主としていたため、新たな国交を日本に迫った欧米諸国は、オランダ語を外交用語にするしかなかったのです。

こうして、ハリスの通訳兼秘書官となったヒュースケンは、安政二年（一八五五）年十月二十五日にニューヨークを出発。先発組のハリスとマレーシアのペナン島で合流すると、シンガポール、バンコク、香港、マカオを経由して、安政三年（一八五六）七月二十一日に伊豆の下田へ入港します。

この日以降、ヒュースケンはハリスの側近として、日米間の外交折衝に大きく貢献。日米修好通商条約の締結交渉では八面六臂の活躍ぶりを示し、のみならずイギリスやプロイセンの条約調印にも協力するなど、有能ぶりを遺憾なく発揮しました。このように書くと、ヒュースケンの能吏ぶりだけがクローズアップされてしまいますが、たしかに優秀だったとはいえ、彼が四角四面で、非情な執達吏のようなキャラだったとしたら、ハリスはもちろん、諸外国の外交官から協力を要請されることもなかったでしょう。つまりヒュースケンは、同時期に日本に滞留していた諸外国の使節団のなかで、ピカイチの人気者だったのです。

その手がかりをハリスの遺した「日本滞在日記」や、ヒュースケンが自ら誌した「日本日記」などから探ってみると、ヒュースケンには通訳としての実務能力もさることながら、生まれながらに具わっていた人徳というか、とても人間的な魅力に溢れた人物だったことがわかります。

ハリスの表現を借りると、ヒュースケンは「食べること、飲むこと、眠ることだけは忘れないが、その他のことはあまり気にしない」人物だったようで、そんな陽気で呑気な一面をもつヒュースケンに、ハリスは全幅の信頼を寄せていました。

私なりにヒュースケンの人物像をプロファイリングしてみると、環境に対する高度な順応力、外向的な気質、他者にそそぐ愛情の深さ、人懐っこさ……といったワードが浮かんできますが、これって見方によっては、「無類のお人好し」「極楽とんぼ」という性格にも繋がります。

そんなヒュースケンは日本の風景や風俗、政治体制や国民性などを、あるときは大きな感動をもって、あるときは批判的な眼差しで日記に書き込んでいます。たとえば、はじめて富士山を目の当たりにした安政四年（一八五七）十月八日の日記はこんな具合。

「立ち並ぶ松の枝間に、太陽に輝く白い峰が見えた。それは一目で富士ヤマであることがわかった。今日はじめて見る山の姿であるが、一生忘れることはあるまい。この美しさに匹敵するものが世の中にあろうとは思えない。（中略）私は感動のあまり思わず馬の手綱を引いた。脱帽して、〈素晴らしい富士ヤマ〉と叫んだ。山頂に悠久の白雪をいただき、緑なす日本の国原に、勢威四隣を払ってそびえたつ、この東海の王者に久遠の栄光あれ！」（青木枝朗訳『ヒュースケン日本日記』）

庶民たちの自分たち外国人に対する、不自然なほどのよそよそしさについては――、

「日本の民衆は、顔をあげてわれわれを見ることもできないほど、自由を束縛されているのである。（中略）私が街路に出て行くと、彼らは必ず入口も窓もとざしてしまう。とくに婦人は、われわれ

が近づくと大急ぎで走り去る。若い娘などは、まるで人類の敵に追われているかのように逃げ去るのである」

と記しながらも、それが江戸市民の本意ではなく、幕府による恣意的な情報操作の結果であることを指摘。つまり、日本人が西洋文化に感化されるのを極端に惧れた幕府が、外国人に対するネガティブな情報を市井に流していたことを、ヒュースケンの透徹した観察眼はしっかり見抜いていたわけです。

半島の北の方にある国を引き合いに出すまでもなく、国民を欺く情報操作は戦中の日本でも頻繁におこなわれたことで、私の老母などは「戦争に負けたら鬼畜米兵にレイプされてしまう」と本気で信じていたそうです。幕末期の日本の庶民（とくに女性たち）も、同じような状況に置かれていたのかもしれません。

ヒュースケン暗殺

好意的な心情で日本の人々を見つめていたヒュースケンは、日本人独特の奥ゆかしさや礼儀正しさを、他国では見られない美徳と受け止めていたようです。さすがに米公使様の通訳官に抜擢されるだけあって、ヒュースケンという若者、短い滞留期間のなかで日本人の本質をちゃんと理解していたのですねえ。

とはいえ、そうした彼の超ポジティブな人柄が、やがて自身の生命をも危うくしたのだとすれば、これほど皮肉なことはありません。

万延元年（一八六〇）十二月五日。この日、ヒュースケンは赤羽橋にあった「外国人接遇所」で執務していました。

赤羽橋接遇所は、安政六年（一八五九）三月に講武所付属調練所の跡地に建てられた外国人のための宿泊所兼応接所で、現在の迎賓館のような施設。およそ二八〇〇坪の敷地内には、宿泊施設、幕府役人の詰所や厩、警備の番所なども建ち並び、高い黒塀で囲まれていました。万延元年一月にロシア領事のゴスケビッチが滞在したほか、七月からはプロイセン（ドイツ帝国統一の中心となった王国）使節のオイレンブルクとその一行が滞留していました。

先述したように、ハリスの通訳官として日米修好通商条約締結の大役を終えたヒュースケンは、オイレンブルクの要請で日普修好通商条約の通訳を担当することになり、善福寺の宿舎から毎日のように赤羽橋接遇所へ通っていたのでした。

こうして迎えた十二月五日の夜、ヒュースケンはいつものように接遇所を出て、善福寺へ帰舎する途上にありました。善福寺へは一キロ弱、馬で十分ほどの距離です。ヒュースケンにとっては通い慣れた道でしたが、ハリスはヒュースケンの外出がいつも夜間におよぶことに眉をひそめていました。攘夷派の浪人などが外国人を襲う事件が巷で横行していたからです。

しかし、ヒュースケンは再三にわたるハリスの忠告に耳を貸すことはありませんでした。そこには、楽天的な性格からくる根拠なき自信のようなもの――自分は他人と違って、どんな難でも逃れることができるという思い込み――が作用していたようにも私には思われるのですが、あるいはオイレンブルクの期待に応えたいという友情的な熱意、日普修好通商条約を締結に導くことによって得られる自身の栄達なども念頭に入れていたのかもしれません。

現在のヒュースケン暗殺現場

さて、前後を騎馬役人に、周囲を四人の徒士に護られたヒュースケンがいつものように「中之橋」たもとの古川左岸の路上（東麻布二―三十五あたり）に差し掛かった午後九時ごろのこと、音もなく近づいた七人の男たちが馬上のヒュースケンに襲いかかったのであります。「護衛のサムライいるからワタシ平気デス」などと馬上のヒュースケンがノンキに構えていたとしたら大きな見当違いで、暗殺集団にいきなり提灯を叩き落とされた徒士は、紅毛人よりも自分の生命が優先とばかり三々五々に逐電。そればかりか胴体を刃物で傷つけられた馬は突然の出来事に動転し、騎馬役人を乗せたまま現場から遁走するという、まことに頓馬な失態劇を演じてしまうのです。

かくして馬上に残ったヒュースケンは、暗殺者たちに両脇腹、左腕、左胸を斬りつけられ、余力をふりしぼって馬を走らせたものの、やがて力尽きて落馬。七人の暗殺集団は闇にまぎれて逃亡します。

この惨劇から三十分後、宿舎にしていた善福寺境内の善光寺に運び込まれたヒュースケンは、プロイセンの外科医・ルチウスによって縫合手術を受けますが、零時三十分に死亡が確認され、二十八歳の短い生涯を閉じたのでした。このとき遺体にとり縋って慟哭したというハリスは、「この突然の、恐るべき災難で、私は深く悩んでいる。ヒュースケン氏は五年以上にわたって私とともに行動してきた。私の下田（江戸出府前に領事館が置かれていた）における長い孤独の伴侶であった。われわれの関係は、主人と雇人というより、むしろ親子のようなものであった」（前掲書）と日記に誌し、前途有為な若者の死を悼みました。

因縁の地で斬殺

幕末期に日本に滞留していた外国使節団のメンバーのなかで、ヒュースケンほど日本の国情を理解し、また日本の将来を憂えていた人物はいなかったのではないか、と私は思います。

殺害される三年前の安政四年（一八五七）十月二十一日の日記に、彼はこんな想いを書き付けているからです。

「いまや私がいとしさを覚えはじめている（日本という）国よ、この進歩はほんとうに進歩なのか？この国の人々の質樸な習俗とともに、その飾りつけのなさを私は賛美する。この国土のゆたかさを見、いたるところに満ちている子供たちの愉しい笑声を聞き、そしてどこにも悲惨なものを見いだすことができなかった私には、おお、神よ、この幸福な情景がいまや終わりを迎えようとしており、西洋の人々が彼らの重大な悪徳をもちこもうとしているように思われてならないのである」（前掲書）

日本に開国を迫る列強諸国の急先鋒だったハリスの通訳を務めたヒュースケンその人が、西洋人から持ち込まれた悪徳（文明）によって、質樸でゆたかな日本の情景（伝統）が失われることを憂慮していたことに驚きます。

暗殺の実行犯は、攘夷派薩摩藩士の伊牟田尚平、樋渡八兵衛といわれていますが、「おぬしたち、殺す相手を間違えたんじゃないの？」と、私は問いたい！

伊牟田尚平は犯行後、夜陰に乗じて逃亡。のちに西郷隆盛の密命を受け、集団強盗にも等しい蛮行をもって江戸市中を攪乱するなど、幕府を挑発するためのテロ活動にのめりこみ、慶応四年（一八六八）に切腹させられます。

その伊牟田が所属していたのが「虎尾の会」。これは庄内藩出身の清河八郎（明治維新の火付け役の一人で新撰組の母体となった浪士組の設立者）が万延元年（一八六〇）に結成したグループで、桜田門外の変を契機に尊皇攘夷思想をさらに強化。メンバーにはヒュースケン暗殺に参加した樋渡八兵衛もいました。

ちなみに虎尾の会という党名の由来は、国を護るためなら虎の尾を踏む危険をも辞さないという過激なもので、その目的は夷狄（外国人）を日本から追放し、天皇中心の国家を築くことにありました。ヒュースケン事件を捜索していた幕府は清河八郎をマークし、虎尾の会の動静を監視しましたが、結局のところ清河がこの事件で捕縛されることはありませんでした。

事件から三年を経た文久三年（一八六三）四月十三日、清河八郎は一之橋に近い出羽国上山藩主・松平山城守の藩邸を訪問。親交のあった上山藩中老の金子清邦（金子与三郎）に会うためでした。

金子との会見を終えた清河が藩邸を辞したのが午後四時ごろ。微醺を帯び、やや千鳥足で一之橋を渡ったところで、清河は名を呼ばれます。声の主は清河とも旧知の佐々木只三郎と速見又四郎で、彼らは幕府の刺客として清河の命を狙っていたのです。武士の礼儀として笠を脱ごうと緒に手をかけた刹那、背後から佐々木に斬りつけられ、清河は抵抗する暇もなく絶命したのでした。

殺害現場は、一之橋を赤羽橋方向に渡ったところ（一の橋公園の脇）で、ヒュースケンが暗殺された環状三号線の中之橋付近から、直線距離でわずか三五〇メートルほどの地点。

ヒュースケンと、彼の暗殺に関与したとされる虎尾の会リーダーの清河八郎が、ともに指呼の間で非業の死を遂げたという事実に、人智のおよばぬ摩訶不思議な因縁を感じないわけにはいきません。

さて、ここでヒュースケンが暗殺された万延元年十二月五日の夜に話を戻しますと、事件の一報を受けた幕府が騒然となったことは想像に難くありません。なんといってもアメリカ公使の通訳官がサムライの兇刃によって惨殺されたのですから、対応を誤れば深刻な国際問題を招来することになりますし、警備態勢の不備を非難されても文句はいえません。

ハリスが記した報告書によると、さっそく弔問に訪れた外国奉行の小栗忠順は「この悲劇的事件に対する恐怖の念を表明し、私（ハリス）にとっての重大な損失について慰めを述べた」（前掲書）ということです。

光林寺

幕府は賠償金として洋銀四〇〇〇ドル、オランダにいるヒュースケンの母親に扶助料として六〇〇〇ドルを支払うことで幕引きをはかります。他国の使節団は強硬な態度で幕府に抗議しましたが、幕府の苦しい立場を忖度したハリスが穏便な措置をとったため、事件は拡大化することなく落着。この事件後、幕府は警備を強化したものの、外国人を狙ったテロ行為は鎮まることなく、イギリス公使館が二度の襲撃を受けたり、文久二年（一八六二）には日本史の教科書にも登場する生麦事件（薩摩藩の島津久光の行列に乱入したイギリス人を藩士が殺傷）が起きたりと、殺伐とした世相が続きます。

ヒュースケンの葬儀は十二月八日に善福寺で執りおこなわれ、外国奉行や幕府関係者、オランダ・イギリス・フランス・プロセインの各国公使などが参列。その後、軍楽隊の演奏に見送られ、遺体は光林寺（南麻布四-十一-二十五）へと搬送されました。

光林寺は、丸亀藩主京極備中守高豊が開基となり、盤珪國師が延宝六年（一六七八）に麻布谷町に創建。その後、元禄七年（一六九四）に南麻布へ移建された臨済宗妙心寺派の禅寺。

ヒュースケンの墓は現在も光林寺にありますが、ここで疑問なのは、なぜ彼が善福寺から一キロも離れたこの寺に埋葬されたのか、ということ。どうでもいいような些事かもしれませんが、葬儀が営まれた善福寺の境内にも墓所はあるわけですから、なにも光林寺に葬らなくてもいいんじゃね？……と、私なら考えます。

アメリカ公使館の置かれた善福寺は今後もテロリストに狙われて焼き討ちにあう危険性があるため、光林寺に埋葬されたのかも。そんな薄っぺらな推理を働かせてみたのですが、どうやら真相はさにあらず。歴史家の俵元昭氏は、ヒュースケンはカトリック信徒だったため土葬されるのが常道。しかし、当時は江戸府内での土葬が禁じられていたため、ぎりぎり朱引外（江戸府外）に位置していた光林寺に埋葬されたのではないか、と推測しています。なるほどねえ。たぶん、これが真相のようです。

ヒュースケンの墓石は破風のある笠石で一見和風ですが、墓碑面には十字架と、氏名、日本での役職、出生地と生年月日などが英文で刻まれています。

ちなみに外伝的なエピソードとして、ヒュースケンには日本人妻が存在したとの説が流布されており、アムステルダムの国立海事博物館には、当人とみられる乳飲み子を抱いた女性の写真が残っているそうです。この女性は麻布坂下町清蔵の長屋に住む久次郎の娘「つる」で、この女性との間にヒュースケンは男児をもうけたという説もあります。確たる証拠はありませんが、その可能性はゼロではないと私は思っています。

というのも、職務上、日本での長期滞留を余儀なくされていた当時の外国使節団メンバーにとって、性欲処理の問題は重要案件だったはずで、実際に外国人相手に日本の女性を斡旋する輩もいたからです。敗戦直後、日本政府は駐留していた連合軍兵士たちの性犯罪を未然に防ぐことを目的に「RAA」（特殊慰安施設協会）を組織。募集に応じた日本人女性が国営の売春施設で性の仕事に従事していたことはよく知られています。その伝でいえば、幕府が「性の防波堤対策」を目的に日本人女性を江戸に滞留する外国人に斡旋していたとしても不思議ではなく、当時の滞留外国人の相当数が日本人女性と肌を重ねていたのではないか、と私は推測しています。

日本人妻といえば、ヒュースケンのボスだったハリスと唐人お吉のラブストーリーが有名ですが、これはまったくのフィクション。領事館が置かれていた下田の玉泉寺で病に臥せったハリスのために、看護婦がわりに雇われた女性がお吉で（これ、幕府側のハニートラップという説も）、三ヵ月後にハリスの健康が回復すると、お吉はあっさりと解雇されてしまいます。そんな具合ですから、ハリスとお吉の間に恋愛感情が芽生えたとは考えにくく、そればかりか敬虔な聖公会信徒だったハリスは生涯純潔を守り、独身を貫いたのでした。

それはともかく、ヒュースケンの死後、日本人妻のつるは世間の眼から逃れるように、いずこへと姿を消したといわれています。もしヒュースケンの落とし胤が日本で生を享けていたのだとしたら、私は彼のDNAを受け継いだ後裔に会ってみたい、と無性に思います。万一、ご存じの方がいらっしゃいましたら情報をお寄せください。

ある日本人の墓標

日本人女性の斡旋といえば、ヒュースケンの墓石の斜め南には、幕末期に憤死した日本人の小さな墓が建っています。イギリス公使オールコックの通訳を務めた小林伝吉（ボーイ伝吉）の墓です。

伝吉は紀州出身の漁師で、嘉永三年（一八五〇）に乗船していた樽廻船「栄力丸」が紀伊半島沖で嵐に遭遇。二カ月近くも漂流していたところをアメリカ船籍の輸送船に救助されてサンフランシスコに上陸。栄力丸の乗員は十七名で、このなかには英字新聞を日本語に翻訳した「海外新聞」を発行し、後に「新聞の父」として日本史に名を刻まれるジョセフ・ヒコこと浜田彦蔵や、黒船来航の際にペリー艦隊の日本人水夫として活躍したサム・パッチこと仙太郎などもいました。

サンフランシスコに上陸した伝吉はその後、紆余曲折を経て米国のイギリス領事館に勤務。ズバ抜けた英語力と並々ならぬ才知の持ち主だったといわれ、安政六年（一八五九）、駐日総領事に任命されたオールコックに帯同して九年ぶりに日本に帰国。高輪東禅寺に置かれた英国公使館でオールコックの通訳として働きはじめるのです。

ここまでの伝吉の足跡をみれば、ジョン万次郎と並び称される偉人として祭り上げられてもよさそうなものですが、伝吉の名は日本史の教科書にはもちろん、幕末史に颯爽と登場することもありません。なぜか――？

早い話、同じ漂流者出身の通訳とはいえ、伝吉はジョン万次郎のような〝偉人〟ではなかったからです。

　果たして十年ぶりに祖国の土を踏んだ伝吉は洋装で身を飾り、同胞であるはずの日本人を上から目線で睥睨。身分制度が厳しかった時代にあって、本来なら接見も許されないような幕府の高官に対しても、英国公使の通訳をいいことに高飛車な態度で臨んだのです。

　イギリスに帰化し、自らを英国臣民と名乗っていた伝吉にしてみれば、幕府が定めた身分制度に従う義理はなく、あくまでも英国流に振る舞ったに過ぎなかったのかも。しかし、幕府の武士たちにとって、伝吉がめっぽう鼻持ちならない存在だったことは想像に難くありません。いまでも帰国子女のなかに見かけるでしょう、やたらと日本文化や日本人の風俗習慣をバカにする勘違い野郎を。

ヒュースケン（上）と伝吉の墓（下）

まあ、たしかにバカにされても仕方のない局面はあるにせよ、あまり感心できませんねえ。祖国を否定することは自分自身を否定することに繋がるわけですから。

もっとも、欧米人の価値観や合理精神に慣らされた伝吉から見れば、旧態依然の幕藩体制や幕府の外交政策がなんとも古臭く、稚拙に感じられたことも事実でしょう。また、庶民のあまりの民度の低さにも愕然となったかもしれません。そうした故国に対する落胆の想いが、はからずも伝吉の心を硬化させ、高飛車な態度をとらせる一因になったとも考えられます。

それにしても、懐にピストルを忍ばせて市中を馬で駆けまわり、意に染まないとすぐにケンカを吹っかける伝吉の粗暴な振る舞いには、さすがに目に余るものがありました。いきおい幕府関係者や諸藩士たちの伝吉に対する憎悪の念は日に日にエスカレートするばかり。同時期に横浜の米国総領事館に通訳として着任していた浜田彦蔵（漂流した栄力丸のメンバー）も、旧知のよしみでそれとなく伝吉を諌めましたが、まったく聞く耳を持たなかったといいます。

東禅寺の英国公使館にも伝吉の解雇を求める意見書が寄せられてはいたものの、オールコックは伝吉の傍若無人な素行を黙認していました。傲慢な性格は措くとして、伝吉は通訳としての素質もさることながら、優れた状況判断能力を持ち合わせていたようです。つまり、機を見るに敏、才知に長けたデキル男だったわけですね。オールコックにしても、そんな得がたい人材をやすやすと手放す道理はなく、そればかりか英国の諜報員として、伝吉に幕府の内情を探らせることも検討していたようなのです。……となれば、伝吉こそ「元祖００７」ということになるわけですが、そうはトントン拍子に進まないところが浮世の習いであります。

嫌われ者の死

ヒュースケンが暗殺される十一カ月前――安政七年（一八六〇）一月七日の夕方四時ごろ。東禅寺の門前で茶屋の女の子と羽根つきをして遊んでいた伝吉は、そのさなかに呆気なく刺殺されてしまうのです。その模様を「ト書き」風に再現してみます。

・深編笠の男、音もなく伝吉の背後に忍び寄ると、手にした脇差を背中に突き立てる。
・何が起きたかもわからぬまま三歩ほど歩いたところで、地面にくずおれる伝吉。
・門前はたちまち鮮血に染まり、茶屋娘の悲鳴が響きわたる。
・山門に掲揚されているユニオンジャック（英国旗）が、パタパタと音をたてている。
・深編笠の男、伝吉の絶命を確かめると、疾風のごとく走り去る。

ハイみなさん、鬼気迫る暗殺シーンでしたねえ。怖いですねえ。ヒッチコック映画のワンシーンみたいですねえ、サヨナラ、サヨナラ……というわけで、兇刃の一突きによって伝吉はほぼ即死状態。脇差は伝吉の背中から脇腹を貫いていました。まさにプロフェッショナルの手による鮮やかな仕事で、怨念の強さを窺わせる犯行であります。この事件を記録した「藤岡屋日記」によると、門前には夥しい量の血痕が残されており、血の付着した脇差が落ちていたといいます。たぶん伝吉は、失血によるショックで絶命したものと思われます。

実行犯は桑島三郎なる野州の攘夷派浪人だったそうですが、外交問題には至りませんでした。犯行の背景をもう少し詳しく知りたいところですが、同じ通訳でもヒュースケンの事件に比べると、信用に足る資料になかなか行き着けない憾みがあります。幕府側が捜査に本腰を入れなかったのか、英国側にも伝吉の身辺を深掘りしてほしくない理由があったのか。

そのあたりに、なにか釈然としないモヤモヤ感が残るのですが、生前の伝吉にはもう一つ、好ましからざる風評が立っていました。なんと公使館に勤務するイギリス人に、日本人女性を斡旋していたというのです。これを裏付ける確たる証拠を私は知りませんが、先述したように当時の外国使節団の置かれた状況を勘案すれば、根も葉もない噂話と一笑に付すにはいささか無理があるようにも感じられるのです。

愚推の域を出ませんが、私は伝吉が日本人女性の斡旋に関係していたことは大いにあり得ることだと考えています。とすれば、いやしくも日本を祖国とする英国人気取りの成り上がり野郎が、こともあろうに同胞女性を紅毛人（白人）に斡旋していたということになるわけですから、これはもう日本人の感情からすれば断じて許せることではありません。英国使節の外交特権を笠に着ての粗暴な行状に加えて、女衒もどきの洋妾斡旋にまで手を染めていた伝吉は、攘夷派にとって「政敵」であると同時に「売国奴」でもあったはず。伝吉のあまりにも凄惨な殺され方に、実行犯である攘夷派浪人の政治的信念だけでは割り切れない、なにか底知れない怨嗟を感じてしまうのです。

こう書いてくると、伝吉だけが悪者のように感じられますが、実はそうとも言い切れない事情もあります。英国使節団のメンバーとして来日する以前に、幕府が伝吉の帰国要請を却下していたという説があるからです。外交問題で難しい選択を迫られていた幕府は、英米流の教育を受けた伝吉を安易に受け入れるわけにはいかなかったようです。

伝吉は、このときの幕府の裁定をどのように受け止めたのか。たぶん、祖国に裏切られたような気持ちだったと思います。とすれば、自らの意思とは関係なく漂流民となり、異国の地で辛酸をなめてきた自分を一方的に切り捨てた幕府を、ひいては日本という祖国を、伝吉は心の底から憎んでいたのではないでしょうか。

そのように想像すると、まるで常軌を逸したように粗暴な振る舞いを繰り返した理由が、なんとなく理解できるような気がするのです。さまざまな資料に散見される伝吉の傍若無人な行状は、一方的に棄民という境遇に追いやられた人間の、やり場のない哀しみや怒りの発露だったのかもしれません。その意味で伝吉は、二百年以上も続いた鎖国政策の最後の犠牲者といえるでしょう。

読者のみなさま、もしもヒュースケンの墓参りに光林寺に詣でる機会がありましたら、ぜひとも伝吉の墓前に線香の一本でも手向けてやっておくんなさい。いまから百六十年前に、大勢の人々から怨まれ、蔑まれながら憤死した、一人の日本人漂流者の回向を祈りつつ……。

赤穂浪士と麻布

赤穂事件と忠臣蔵

歌舞伎や映画などで有名な赤穂浪士の討ち入り。大石内蔵助をはじめ四十七人の旧赤穂藩士が吉良上野介の邸内に討ち入り、亡君浅野内匠頭の仇を討つという「忠臣蔵」でおなじみのストーリーです。

本所松坂町（現・墨田区両国三丁目）の屋敷で怨敵吉良上野介の首級を挙げた四十七士たちは、深川を南下して永代橋をわたり、八丁堀・築地・芝を経て高輪の泉岳寺（港区高輪二－十一－一）に到着。亡君の墓前に吉良の首を供え、本懐成就を報告しました。

映画などでは、クライマックスの討ち入りのシーンが済むとすぐにエンドマークとなる場合が多いため、一般に意識されることが少ないのですが、実は討ち入り後の赤穂浪士たちは港区という土地にとても深く関わっているのです。もちろん、麻布十番界隈にも。

ところで、現代流にいえば赤穂事件はまぎれもないテロです。幕府の権力が盤石となった元禄時代は、経済の発展とともに庶民生活が向上し、さまざまな元禄文化が花開いた時代でもありました。そんな太平の世に出来した赤穂四十七士によるテロリズムは、ときの幕府に大きな衝撃を与えることになります。

この事件はまた、庶民たちにも少なからぬ衝撃を与え、討ち入りの翌年には早くも中村座が、この事件を曾我物語になぞらえた『曙曾我夜討《あけぼのそがのようち》』を上演。宝永三年（一七〇六）には近松門左衛門作の人形浄瑠璃『碁盤太平記』が上方で上演されます。そして、事件から実に四十六年目にあたる寛延元年（一七四八年）には、決定版ともいうべき人形浄瑠璃『仮名手本忠臣蔵』が大阪竹本座で上演され、爆発的にヒット。江戸でも歌舞伎にとりあげられ、森田座、市村座、中村座の三座が競演して大きな評判をとりました。

昔から日本人は忠臣蔵が大好きなんですね。『仮名手本忠臣蔵』は歌舞伎界で独参湯《どくじんとう》（漢方の煎じ薬で、よく効くことから）と呼ばれており、いまでも不動の鉄板狂言。また、忠臣蔵に材をとった映画は戦前戦後を通じておびただしい数の作品が作られ、なかには奇想天外なハリウッド製あり、外伝ありで、その本数を把握するのが難しいほど。他にも文学、落語、浪曲、歌謡曲、演歌、和菓子の商品名に使われるなど、忠臣蔵の影響力には計り知れないものがあります。

ここで困ってしまうのが、私もふくめた大多数の人々が、史実としての「赤穂事件」と創作された「忠臣蔵」をいつの間にか混同してしまっているところ。

そもそもの発端となった刃傷事件の原因にしても、浅野内匠頭の乱心説、吉良上野介の賄賂説や上野介のイジメに対する内匠頭の遺恨など諸説あり、真実は藪の中。赤穂四十七士が本当に忠臣だったのかどうかという疑問すら残っています。

芝居や映画で有名なお軽と勘平の悲恋や、討ち入りをまえに大石内蔵助が打ち鳴らす山鹿流陣太鼓なども、もちろんフィクション。創作された忠臣蔵と赤穂事件の史実との間には、かなり大きな隔たりがあることを知っておきたいものです。

赤穂浪士終焉の地

さて、赤穂四十七士と麻布ですが、ここからはフィクショナルな忠臣蔵の世界から離れ、史実に基づいて討ち入り後の彼らの行動を追ってみましょう。

先述のとおり吉良上野介の首級を挙げた四十七士は、吉良家からの追っ手に警戒しつつ亡君の墓がある高輪の泉岳寺へと向かいます。一行は午前九時ごろに泉岳寺に到着しましたが、点呼をとってみると四十四人で、三人の浪士が消えていたのです。

消えた三人の浪士のうち、吉田忠左衛門と富森助右衛門は討ち入りを自訴するために、大目付の仙石伯耆守の屋敷へ。

もう一人の寺坂吉右衛門は大石内蔵助の命を受け、討ち入りの首尾を報告するために安芸の浅野本家へ赴いたといわれていますが、この間の彼の行動にはいまだに謎が残されています。江戸にもどった寺坂は幕府に自首したものの不問に付され、その後は旗本の山内主膳に仕えて八十三歳の天寿をまっとうしました。

寺坂の墓は山内家の菩提寺である南麻布の曹渓寺（木蓮寺のモデル。第四章参照）にあり、泉岳寺にある墓は墓参のために建てられた参り墓です。ちなみに赤穂四十七士で唯一生き残った寺坂は映画や小説の恰好の題材となり、池宮彰一郎の同名小説を映画化した『最後の忠臣蔵』をご覧になった方も多いと思います。

一方幕府では、赤穂浪士の討ち入りをどのように裁くべきか、ずいぶんと頭を悩ませます。幕閣内では同情論が主流になっていたようですが、浅野内匠頭に即日切腹を命じた綱吉にしてみれば、「あいつらを無罪にしては将軍の沽券に関わる」とでも考えたのでしょうか、結局は切腹の裁断を下したのでした。

こうして寺坂を除く赤穂四十六士は、細川家・毛利家・松平家・水野家の大名四家に身柄を預けられ、切腹の日――元禄十六年（一七〇三）二月四日を待つことになります。これら四家の大名屋敷はすべて港区内にありますが、その内訳は次のとおりです。

肥後熊本藩細川家の下屋敷（港区高輪一－十六－二十五）には大石内蔵助ら十七名が預けられました。藩主の越中守綱利は引き取った十七名と自ら面会し、「いずれも忠義のいたり」と浪士たちを労ったといいます。

切腹の場所は現在の区立高松中学校の敷地内で、塀で囲まれた跡地は都の指定旧跡。平成十九年

（二〇〇七）から翌年にかけて、この場所で発掘調査がおこなわれた際、埋め潰した井戸から浅野内匠頭の辞世や、大石内蔵助の歌を染め付けた磁器の酒坏などが発見されました。これらの出土品は「高輪子ども中高生プラザ」（東京都港区高輪一－四－三十五）で見ることができます。

間十次郎、矢頭右衛門七といった若者をはじめ、九名の浪士が預けられたのが三河岡崎藩水野家の中屋敷（港区芝五－二十－二十）。現在の慶応仲通りの裏のあたりで、細川家と同じく都の旧跡に指定されてはいるものの灯籠が残っているのみで、往時を偲ぶよすがはまったくありません。

内蔵助の長男で四十七士のなかで最年少（十六歳）の大石主税や堀部安兵衛ら十名の預け先となったのが、伊予松山藩松平家の中屋敷（港区三田二－五－四）。現在はイタリア大使館になっているため、一般の見学はできません。

庭園内にある浪士切腹の場所は土を掘って池にし、その土で築山を造ったといわれています。奥の塀際の築山上には徳富蘇峰の撰文による記念碑が建っているそうですが、私たち日本人がこれを見られないのはたいへん残念なことです。なんでも、赤穂浪士の命日には歴代の駐日イタリア大使が供養のための法要を執りおこなっているとのこと。

六本木ヒルズも切腹の地

そして、武林唯七、間新六ら十名の預け先が長門長府藩毛利家の上屋敷でした。

この場所は麻布十番の西の玄関口にあたる現在の六本木ヒルズ（港区六本木六－九）。次章で詳しく述べますが、ここは昭和四十二年（一九六七）に住居表示が実施される前は「麻布北日ヶ窪町」と呼ばれていた場所で、麻布十番の隣町ともいえるエリアでした。

テレビ朝日に隣接する「毛利庭園」は大名屋敷の趣を現代に伝える広大な日本庭園で、明治から大正にかけては中央大学の創始者で弁護士だった増島六一郎の邸宅となり、戦後はニッカウヰスキーの工場でした。その名残でしょうか、地元住民は庭園内にある池を長らく「ニッカ池」を呼んでいました。昭和五十二年（一九七七）にテレ朝の所有になってからも池はそのまま残されましたが、現在の池は埋め立てたニッカ池の上に新たに造られたもので、いってみれば二代目。

長府毛利家における赤穂浪士の待遇は四家中もっとも厳しかったようです。浪士たちの各居室には雨戸が立てられ、外界から遮断されていたといいますから、大石内蔵助らが預けられた細川家の下にも置かぬ厚遇ぶりとは雲泥の差。厳格だったのは浪士も同様だったようで、二十六歳の間新六は小脇差を腹部に当てるだけの介錯を潔しとせず、腹を七寸切り裂いて果てたという、武士としてまことにあっぱれな最期だったそうです。

赤穂浪士と六本木ヒルズ。元禄武士道と最先端の複合商業施設という、ミスマッチの世界が地縁で結ばれている不思議に、なんともいえない妙趣を感じます。いま歩いているこの場所も江戸時代と地続きなんだよな。美しく整備された毛利庭園を歩きながら、そんな言わずもがなの感慨に浸ったことでした。

「二・二六事件」と麻布

昭和維新

明治維新を目前にした幕末期の表舞台に登場した麻布エリアは、およそ八十年後に起きた「昭和維新」とも深い因縁でつながっている——といったら牽強付会に過ぎるでしょうか。

昭和維新って、何のこっちゃ？……と思われる読者も多いと思いますが、『大辞泉・第二版』（小学館）には「昭和初期に軍部・右翼が国家改造をめざして掲げたスローガン。元老・重臣・政党・財閥を排除し、天皇中心の政治体制樹立を企図した。明治維新になぞらえた語」と説明されています。

昭和十一年（一九三六）二月二十六日、昭和維新の理念を掲げた陸軍「皇道派」の青年将校が武力による政治改革を目指し、下士官や兵を率いて蹶起《けっき》。世にいう「二・二六事件」です。

この日の午前五時ごろ、クーデターの首謀者である二十名の青年将校は約一四〇〇人の兵を統率し、前夜から降り積もった雪のなかを行動開始。内大臣の斎藤実、蔵相の高橋是清、教育総監の渡辺錠太郎らを殺害し、国会議事堂と首相官邸を占拠しました。

当時の陸軍内部には北一輝らの影響を受けた青年将校たちが天皇親政の下で国家改造を目指す「皇道派」と、こうした青年将校たちの運動を封じ、一元的統制の下での総力戦体制によって国家を築こうとする、永田鉄山や東条英機らを中心とした「統制派」との派閥争いがありました。二・二六事件を一言で説明すれば、両派の主導権争いの末に生じた皇道派青年将校による暴走行為ということになるわけですが、彼らが蹶起した目的のひとつには、農民労働者の貧困問題があったといわれています。

統制派の幕僚たちとは異なり、皇道派の隊付青年将校たちは徴兵で入営してくる兵隊たちから農村部が直面している窮状を知るに及び、憂国の念を抱いたといいます。この一事をもって、二・二六事件を「義挙」であるとする説もあるようですが、私には納得できない部分もあります。

日中戦争前夜から太平洋戦争にいたる経緯を描いた五味川純平の大河小説『戦争と人間』は、かつての日活（「にっかつ」ではありません）で三部作として映画化されましたが、その第二部『愛と悲しみの山河』（昭和四十六年／山本薩夫監督）のなかで、新興財閥である伍代家の次男・伍代俊介（北大路欣也）が友人の反戦運動家・標耕平（山本圭）と二・二六事件について語り合う場面があります。

俊介「叛乱軍たちは重臣や大臣を殺して権力を軍人の手に握ることを、どうやら革命だ、世直しだ、と思ってる様子だな」

耕平「兵隊の多くは貧しい農民労働者の出身だ。だから農民労働者を貧しさから救済しなければ強力な軍隊はできないという思想だよ」

俊介「強力な軍隊を作って何をする？　結局、貧しい農民たちを兵隊として戦火にさらすだけじゃないか」

一分四十秒ほどの短いシーンですが、とても印象に残ります。私もまったく俊介＝五味川純平の意見に賛成です。戦争というものに大義も義挙もない、と考えるからです。

それはともかく、高邁な志のもとにクーデターを決行した青年将校たちは、昭和天皇の逆鱗に触れたことで一転、天子に弓引く「叛乱軍」として鎮圧され、昭和維新の夢はあっけなく潰えたのでした。

余談ですが、落語家の故・五代目柳家小さんは、一兵卒として二・二六事件に参加するという稀有な体験の持ち主として知られています。私はこのエピソードを小さん師匠から直接聞いたことがありますが、陸軍の歩兵第三連隊に入営して一ヵ月後、師匠は上官の命令で警視庁の占拠に出動。もちろん事情などは何も聞かされておらず、最初は演習だと思っていたところが、後になって自分も叛乱軍の一員だと知らされてビックリ仰天。鎮圧部隊に包囲されるなかで落語の『子ほめ』を演らされたそうですが、誰も笑ってくれない。そりゃそうですよねえ、そこにいる全員が叛乱軍の汚名を着せられているわけですから、悠長に落語なんぞ聞いている場合ではなかったのでしょう。

もっともクーデターに参加した兵隊の大半は蹶起の意義や目的すら理解していなかったわけですから、ある意味で彼らも「被害者」なのかもしれませんね。その年の五月、小さん師匠は満州に送られ、三年間におよぶ過酷な軍隊生活を経験することになるのですが、そのときの想いを師匠は、

「こっちはなんにも知らないいんだ。トバッチリもいいとこだよ……」

と、半分冗談のように話していました。

賢崇寺と鍋島閑叟

というわけで、昭和史に残る二・二六事件と麻布の因縁です。

そもそもクーデターで主力を担った陸軍歩兵第三連隊の兵舎が麻布龍土町（現・六本木七丁目の一部。新国立美術館や米軍の赤坂プレスセンターを包含する広大なエリア）にあり、これだけでも麻布とこの事件には浅からぬ因縁があるといえなくもないのですが、それよりも、二・二六事件で処刑された青年将校たちの大半が、元麻布にある曹洞宗の寺「賢崇寺《けんそうじ》」に埋葬されているのです。

ともすると善福寺の陰に隠れてしまい、一般のタウンガイドでスルーされることの多い「賢崇寺」ですが、このお寺、実はたいへんな名刹なのです。せっかくの機会なので、紙幅をやや広くとって賢崇寺の来歴などについて説明しておくことにします。

パティオ十番を西方向へ進んで雑式通りを突っ切り、大黒坂を上っていくと、スーパー（ビオセ

ボン）のすぐ先に、延長九十メートルほどの石畳の長い坂が見えてきます。坂の側道はゆるやかな石段で、これを上っていくと賢崇寺の境内にたどり着きます。

ただし、この石段は百十四段もあるので、五十代後半の私には正直シンドイものがあります。十番小僧だった昭和四十年代には、石畳の坂は整備されておらず、味気ないコンクリート舗装の坂道でした。もっと昔には急な階段になっていたようですが、私は知りません。

小学校時代、この坂道をキックスケーターで滑り下りるのが悪ガキ仲間のあいだで流行っており、ちょっとしたスリルを味わったものです。九十メートルの急坂を一気に下るのですから、ピークの滑走速度は四〇キロ近くにまで達するのですよ。いま

賢崇寺の坂と石段

思うと危険極まりない遊びで、坂下からクルマが上ってきたらアウト。死傷事故に直結するのは必至でした。しかも当時のキックスケーターには制動装置がなかったので（後継機にはブレーキが完備）、停止するにはズック靴（スニーカーという呼称はまだない）の靴底を後輪に押し当てながら減速するのです。このときに発生する摩擦熱はスゴイもので、私は買ってもらって間もないアキレス製の最新モデルのズックを、たった一度の滑走でダメにした経験があります。摩擦熱で靴底のゴムが溶け

てしまったのデスよ。このときは泣きましたデスよ。

そんな苦い記憶も伴う賢崇寺は、肥前佐賀藩の初代藩主・鍋島勝茂が疱瘡（天然痘）で没した嫡嗣・忠直の菩提を弔うため、寛永十二年（一六三五）に忠直を開基として創建。これには前段があって、当時の幕府は江戸府内での新寺の造営を禁じていたため、勝茂は江戸府外の高輪にあった正重寺を買収。これを現在地に移すという手続きを踏んだのでした。ちなみに賢崇寺の正式な山号・寺号「興國山賢崇寺」は、忠直の法名である「興國院殿敬英賢崇大居士」に基づいているとのこと。

創建後、賢崇寺は鍋島家の江戸における菩提寺となり、本堂裏手の墓域には、開基の忠直や父の勝茂をはじめ、五輪塔に統一された一族の墓が整然と並んでいます。

佐賀藩といえば江戸時代中期の武士道書である「葉隠」があまりにも有名ですが、私にとって尊敬措くあたわざる歴史上の人物の一人が、幕末期の賢君で第十代佐賀藩主の鍋島閑叟（直正）なのであります。幕末の四賢侯といわれる島津斉彬・山内容堂・松平春嶽・伊達宗城らと比較すると、とかく地味な存在として扱われることの多い鍋島閑叟ですが、実際の閑叟はさにあらず！

幕末期の日本にあって西洋文明を積極的に採り入れ、日本ではじめて鉄製大砲の鋳造に成功するなど軍備の近代化を推進。また、蘭学を奨励し、不治の病であった天然痘を根絶すべくオランダから牛痘ワクチンを輸入。わが国の医学の進歩にも大きく貢献したのでした。

また、桁外れともいえる度量の広さも閑叟の身上で、一度脱藩した江藤新平や大隈重信の帰藩を閑叟が許可していなければ、明治の近代化は大幅に立ち遅れていたかもしれません。他方で日和見主義とか二股膏薬とかのマイナス評価で論じられることもある閑叟ですが、彼の先進的でアグレッシブな生涯を詳しく知りたい方には、植松三十里さんの長編小説『かちがらす～幕末を読みきった男』(小学館)をお勧めします。

その鍋島閑叟の墓も当初は賢崇寺にあったのですが、平成十一年(一九九九)に佐賀市大和町の春日御墓所に改葬。これに立ち会った鍋島家第十五代当主の鍋島直晶氏によると、地下を三・六メートル掘り進めたところに石槨(棺を納める石造りの室)が見つかり、そのなかにさらに木の箱があって、閑叟の棺はこの箱のなかにあったそうです。

ところが、この棺は一・五メートルほどの小さなもので、不思議に思いながら蓋を開けてみたところ、閑叟は座った姿勢で棺に納められていたそうです。つまり座棺だったわけですが、なお不思議だったのは座棺が横に倒された状態で置かれていたこと。この処置について、鍋島氏は次のように推測しています。

「(閑叟の遺体は)従来通りの方法(仏式)で、座棺に入れ、灰の粉を詰めて、腐らないようにした。それから、どう埋葬するかが議論になり、神式という結論が出た。神式だと寝棺なのですが、お棺を開けて遺体の姿勢を変えるわけにはいかないので、座棺を(座棺ごと)寝かせて埋葬した、ということでしょう」(『歴史街道』二〇一八年四月号/PHP研究所)

閑叟が五十八歳で病没したのは明治四年(一八七一)一月のこと(七月には廃藩置県によって佐賀藩が消滅)。折しも廃仏毀釈の運動が活発化するなかで、旧藩主をどのような宗儀で葬ればよいのか、おそらく遺族や鍋島家の関係者は途方に暮れたことでしょう。結果、時局に鑑みて「神式」を選択したわけですが、たとえ苦肉の策だったとしても、座棺を倒して寝棺にするという柔軟性はいかにも日本人的でスゴイ。まさに卓越した発想だったと私は思うのです。

父の無念

というわけで、二・二六事件に戻ります。

蹶起から三日後の二月二十九日、戒厳司令部は約二万四千人の兵力で叛乱軍を包囲して戦闘態勢に入るとともに、ラジオ放送や飛行機からビラを投下して、「今カラデモ遅クナイカラ原隊へ帰レ」「抵抗スル者ハ全部逆賊デアルカラ射殺スル」といったメッセージを発信。この結果、大部分の下士官や兵は原隊に帰順し、青年将校たちも憲兵隊に検挙されます。

こうしてクーデターはわずか四日で鎮圧されましたが、陸軍首脳は叛乱軍に一時同調したことを糊塗するためか関係者の処分を急ぎ、青年将校たちは一審制・非公開・弁護人なしという孤立無援の特設軍法会議で裁かれ、銃殺刑に処されたのでした。

ところで、銃殺された青年将校らは、なぜ南麻布の賢崇寺に葬られることになったのでしょうか?――ここからは、このテーマに沿って話を進めますが、そこにはきわめてヒューマニスティックな感動秘話が隠されていたのです。

武力をもって国家改造を企てた青年将校たちの思想信条はともかく、再審不可で非公開という不公平な法廷で裁かれ、一方的に極刑を言い渡された彼らは、さぞ無念だったに違いありません。悔しさは遺族たちにとっても同じで、どうみても理不尽としか思えない当局のやり方に対する、遺族らの憤懣と哀しみは察するに余りあります。しかも、叛乱逆賊の汚名を着せられた我が子に対して、父や母はもちろん、遺族関係者が声をあげることは許されず、彼らは「逆賊の家族」として、世間の冷たい視線にも耐えなくてはならなかったのです。

遺族にとってもっとも辛かったのは、処刑後、荼毘に付された遺骨を寺に納めることができなかったことでした。

処刑後、当局は憲兵隊や特高警察を使って遺族に対する監視を強化するとともに、刑死者の埋葬方法にも厳格な制約を設けて、これを遺族に強いたからです。具体的には、「遺骨の持ち運びは目立たぬようにすること」「なるべく葬式はおこなわないこと」「立派な戒名を授けることは慎むこと」等々で、しかも念の入ったことに、当局は刑死者の菩提寺に対しても「逆賊」の遺骨を受け入れないよう、圧力をかけていたというのです。まさに死者に鞭打つ異常な行為といわざるを得ませんが、そこまでして事件の幕引きを急ぎたかった当局の真意は、いったい何だったのでしょうか。

さて、事件から半年を過ぎた秋の日のこと。蹶起の首謀者の一人で歩兵第一連隊将校だった栗原安秀中尉の父、栗原勇が賢崇寺を訪れます。

佐賀県出身の栗原勇は、かつて息子と同じ陸軍で大佐にまで昇り詰めた軍人でした。大正十二年（一九二三）に四十代で退役してからも、過去の戦役における犠牲者を祭祀慰霊する寺をみずから先頭に立って建立するなど、熱烈な愛国者として知られていました。その子息が天皇陛下から逆賊のレッテルを貼られたわけですから、父親のショックたるや言語に絶するものだったに相違ありません。

事件後、勇は曹洞宗の大本山である鶴見の「総持寺」で受戒し、仏門に帰依したそうですが、そこには我が子の暴挙に対する贖罪の意味と、犠牲者の回向を願う一途な想いがあったのではないかと思います。

そしてこの日、賢崇寺を訪ねた勇は、住職の藤田俊訓《しゅんくん》に息子の遺骨を預かってほしいと懇願します。事情を聞いた俊訓師は、栗田の依頼をこころよく引き受けることにしました。

幸いに俊訓師と勇は旧知の間柄でした。鎌倉時代の勇将、畠山重忠を尊敬していた勇は昭和四年（一九二九）、鶴ヶ峰（神奈川県横浜市旭区）の薬王寺に重忠の霊堂を建立。その後、重忠の事績を顕彰するための記念堂の設立を計画した勇は、この件で過去に何度か俊訓師に相談にのってもらっていたのです。

死んでしまえば仏

とはいえ、父親と旧知だったという理由だけで、俊訓師は栗原中尉の遺骨を預かったのではありませんでした。では、栗原中尉ら青年将校たちの思想信条や蹶起に同調したから？

これもＮＯだと思います。裁判記録の閲覧が条件つきで許可されたのは、なんと事件から五十七年後の平成五年（一九九三）のことであり、当時の勇や俊訓師には、事件の全容を把握するための手段がなかったはずだからです。といって、生前の栗原中尉が自らの思想信条やクーデター計画を父親や俊訓師に洩らしていたとも思えません。

とすれば、遺骨の受け入れを快諾した俊訓師の胸底にあったもの、それは仏に帰依する僧侶としての「たとえ叛乱軍だの逆賊だのという烙印を押されようとも、死んでしまえば何人も仏。死者の回向を願うは仏家の務めである」という使命感だったのではないか。私にはそのように感じられるのです。

もちろん、俊訓師の選択に万人が賛意を示したわけではなく、檀家のなかにも反対者はいたし、逆賊の遺骨を受け入れた寺として、賢崇寺は憲兵隊や特高警察の監視下に置かれ、執拗な嫌がらせを受けることになるのですが、俊訓師がこうした圧力にも微動だにせず、初志を貫き得たのは、やはり仏家としての揺るぎない信念と使命感があったればこそと思います。

勇はその後、遺族間の連絡組織である「護國佛心會」の結成に奔走。遺骨の扱いに困惑している遺族の希望なども聞き入れ、佛心會では刑死した青年将校の遺骨や分骨を一箇所に集めることにしました。

佛心會の要望で、賢崇寺に青年将校らの遺骨や散骨を合祀することを受諾した俊訓師は、事件の首謀者として処刑された栗原中尉、香田清貞、安藤輝三をはじめ、事件に関係した十七名の青年将校と民間人に、あらためて院号の戒名を授けます。一般に院号は寺院に貢献した人、社会的貢献度の高い人に贈られるトップランクの戒名。俊訓師は、立派な戒名を授けることを牽制した軍当局の意向に逆らって、あえて立派な院号を彼らに贈ったのでした。

刑死者たちの百ヵ日にあたる十月十九日、賢崇寺では憲兵隊や特高警察が取り囲む警戒モードのなか、青年将校たちの合祀慰霊法要が執りおこなわれます。さしもの軍当局も、俊訓師の不動の信念と強靱な行動力をまえに、切歯扼腕するしかなかったようです。

二十二士之碑

すでに述べたように、麻布十番エリアは昭和二十年（一九四五）四月十五〜十六日の城南京浜大空襲で壊滅状態となりましたが、賢崇寺でも本堂、開山堂、庫裏、鐘楼など大半を焼失。灰燼に帰した本堂の焼け跡から、俊訓師は手ずから青年将校らの骨片を拾い集めたといいます。
現在、境内にある「二十二士之碑」は、昭和二十七年（一九五二）に建立されたもので、先述した十七名のほか思想家の北輝次郎（北一輝）、西田税らの遺骨も合わせ、二十二名の事件関係者を合祀。毎年、事件の起きた二月二十六日と青年将校が銃殺刑に処された七月十二日には合同慰霊祭が営まれています。
二・二六事件に感心のある方も、そうでない方も、賢崇寺に詣でた際にはこの慰霊碑のまえで立ち止まり、昭和の遠い日に思想信条を越えて軍当局の圧力と闘った藤田俊訓師の勇姿に、一瞬でも想いを馳せていただけたならば、筆者として望外の幸せです。激動の昭和史を生きた俊訓師は、昭和五十年（一九七五）二月、内蔵疾患のため七十八歳の生涯を閉じたということです。

ちなみに今回この稿を起こすにあたって、賢崇寺に取材を申し込んだところ、電話口の現住職は丁寧な口調でやんわりと私の申し出を固辞されました。その理由を私はあえて問うことはしませんでしたが、「書いてくださっても結構ですが、事実を正しく伝えてください」とのお言葉に甘え、もりたなるお氏の労作『鎮魂「二・二六」』（講談社）やその他の資料をベースにして、所々に私の推論を加えて書き進めましたことをお断りしておきます。

なお賢崇寺の墓所域には鍋島家や二・二六の関係者以外にも、明治期に象徴主義の詩人として活躍、『草わかば』『春鳥集』などの詩集を残した蒲原有明や、明治四十三年（一九一〇）の七里ヶ浜沖ボート遭難事故で犠牲になった逗子開成中学校生徒十二名の墓が、新しいところで平成二十七年（二〇一五）に五十四歳で亡くなった女優の川島なお美、平成二十九年（二〇一七）に亡くなったミュージシャンのムッシュかまやつといった芸能界の方々も眠っております。

私の十番小僧時代には鍋島家と佐賀県出身者のためのプライベート寺院といったイメージの強かった賢崇寺ですが、ここ最近は出身地に関係なく墓所を開放しているようです。

第六章

消えた風景の記憶

80年代のテレビ朝日六本木センター
（伊藤照彦写真集『六本木六丁目残影』より）

六本木六丁目残影

麻布北日ヶ窪町

《崖の根を固めている一帯の竹藪の蔭から、じめじめした草叢があって、晩咲きの桜草や、早咲きの金蓮花が、小さい流れの岸まで、まだらに咲き続いている。小流れは谷窪から湧く自然の水で、復一のような金魚飼育商にとっては、第一に稼業の拠りどころにもなるものだった。その水を岐《えだ》にひいて、七つ八つの金魚池があった。》

岡本かの子の晩年期の小説『金魚撩乱』のなかに出てくる、「麻布北日ヶ窪町」の風景です。麻布北日ヶ窪町（以下、北日ヶ窪町と略記）は麻布の旧町名の一つで、ほぼ全ての町域が現在の六本木六丁目に含まれています。六本木六丁目でピンとこない方には、「六本木ヒルズ」と申し上げたほうが話が早いでしょう。

現在、六本木六丁目の大部分を占める六本木ヒルズの面積は十一ヘクタール。まさに六丁目イコール六本木ヒルズといっても過言ではありません。ちなみに、ヒルズから取り残された、ほんのわずかな六丁目エリアには、私が卒業した港区立六本木中学校（当時は城南中学校）がいまだ健在。

冒頭で引用した一節は、この小説が書かれた昭和十二年（一九三七）当時か、それ以前の北日ヶ窪町（現在の六本木六丁目と元麻布三丁目の一部）の様子を描いたものですが、ここに書かれた風景に現在の六本木ヒルズを重ねるのは、どんなに豊かなイマジネーションの持ち主でもまず無理。

そもそも北日ヶ窪町は町名どおり、ダイナミックな傾斜をともなった窪地で、麻布台地の尾根筋にあたるテレビ朝日通りの東側斜面に小体な民家が庇を寄せ合う住宅街でした。崖上にあった旧テレビ朝日社屋と崖下の住宅街とのコントラストはシュールでさえあり、住民のみなさんには申し訳ないけれども、まるで都会のなかの〝秘境〟とでも形容したくなるようなワクワク感がありました。私が知る昭和四十年代までは、かの子が書いたような崖下特有のじめじめした暗鬱な雰囲気は残っていたし、金魚の養殖池も残っていました。

ちょうどその頃の北日ヶ窪町の様子を、松本隆はエッセイのなかでこう描写しています。

《坂を下りおわったところに養魚場がある。ここでも水は渇いた石畳に叩きつけられる驟雨の叫びに似た音であたりをいっぱいにふくらましている。

都市の近代化が置き忘れていったこの一画は、砂鉄が磁石によってある一点に引き寄せられるように、水の重いしずくのさやめきに満たされている。というのは、その先に行けば、やはり水に関するエピソードにぶつかることができるからである。ちょうど苔でぬめぬめと光っている石垣の下に、「湧き水を汚さないようにしましょう」と書かれた小さな立て札がたてかけてある。おまけにその綺麗な水の中には金魚まで放し飼いになっているのだ。何と風流な。きっと近所の人が世話を焼くのだろうなどと、つい道端にしゃがみ、その中を覗きこんで時間を潰してしまう。そこには都市の偶然や錯覚を許す余地の無い人為的な神秘がある。

（『風のくわるてつと』／初版は一九七一年十一月）

さすが八〇年代に数々のヒット曲を世に送り出した稀代の作詞家。あの頃の北日ヶ窪町をこれほど的確に、そして詩的に表現した文章を私は他に知りません。この松本隆の一文を読むだけでも、昭和四十年代以前の北日ヶ窪町が都市の近代化に取り残された、湧き水の豊富な町だったことが実感されます。

平成十五年（二〇〇三）の夏、開業から数カ月後の六本木ヒルズをはじめて訪れ、天を突くように聳える地上五十四階建ての森タワーの展望台から眼下を眺めていた私は、雷に打たれたような衝撃を受けてその場に立ちすくみます。あの北日ヶ窪町の風景がまるごとそっくり消滅していたからです。

高知県の早明浦《さめうら》湖のように、ダムの底に沈んだ町の話は聞いたことがあったけれど、都市の再開発事業でひとつの町がまるごと消失してしまうなどということは、当時の私には信じられないことでした。いや、頭では理解していても、いざその光景を目の当たりにしたときの衝撃は筆舌に尽くしがたいもので、そこに理性の働く余裕などはなかったのです。

でも考えてみれば、六本木ヒルズに先んじること七年、すでに森ビルは荷風散人の偏奇館のあった六本木一丁目の住宅密集地を根こそぎ破壊して、かの「アークヒルズ」を竣工させていたのですね。それを思えば、都市再開発の美名のもとに、町の一つや二つをぶっ壊すことぐらいは当たり前なのかもしれません。しかし、町そのものや町の風情・景観に対する愛着や記憶というものは、そう簡単に初期化できるものではないのです。

テレ朝通りと幻のサパークラブ

六本木交差点から六本木通り（都道四一二号）を渋谷方面に進み、六本木六丁目の信号を通り越してすぐ左に入る一方通行の道路がテレビ朝日通り（以下、テレ朝通り）。六本木ヒルズが開業するまえは、この通りが六本木六丁目エリア最大の繁華地で、テレ朝帰りの放送関係者や業界人御用達の飲食店が乱立していました。

六本木といっても、そもそもこのエリアは西のはずれに位置しており、テレ朝通りを挟んですぐ西側は西麻布三丁目。つまり六本木のどん詰まりにあたる町域で、旧麻布区の頃も「麻布六本木町」には含まれず、昭和四十二年（一九六七）の住居表示実施まえには北日ヶ窪町を中心に、麻布材木町、麻布桜田町、麻布宮村町という旧町域の一部を取り込んだエリアでした。ま、いってみれば、六本木というより麻布色の強い町だったというわけです。

そんな成り立ちを持つ町柄だけに、繁華地とはいってもタカが知れており、テレビ関係者でもプロデューサー・クラスや上級職のお歴々はタクシーを飛ばして銀座方面へ繰り出すし、そこまでいかなくても、ちょっと小金のある下請けプロダクションの社長クラスなどは六本木の交差点付近に点在する、ちょいと小洒落れたバーやクラブ、さもなければ西麻布か飯倉方面を目指すことになります。したがいまして、当時（バブル前あたり）テレ朝通りの安居酒屋を根城に毎晩オダを上げていたのは、出入り業者の泡沫スタッフか、下っ端のフリーランサー（私もその一人でした）がほとんど。六本木六丁目という町そのものも、そうしたボンビー・テレビマンを受け入れるのにふさわしい〝場末臭〟を漂わせていたものでございます。

少し時代を遡って私が十番小僧だった昭和四十年代の前半には、近くにハーディ・バラックス（駐留米軍の兵舎）があった名残なのか、外国人専用のジャズ・バーや、怪しい雰囲気のナイトクラブが数軒残っていました。日曜日の早朝など、イヌの散歩でテレ朝通りを歩いていると、ビルの地下階段から出てくる黒人のアンチャンと若い日本人女性のカップルを頻繁に見かけました。夜通し飲んで踊っていたのでしょうか、足もとの覚束ない女性を抱えるようにして六本木通りのほうへ歩き出したアンチャンが、眩しそうに眼を細めながら空を見上げたときの表情がなんとも精悍で、『夜の大捜査線』のシドニー・ポワチエ（古い！）のように苦み走ってカッコよかったなァ。

テレ朝通りといえば、謎の会員制クラブ『ＲＩＣ－Ｕ』（リック・ユ）をめぐるエピソードを忘れるわけにはいきません。その存在を私が知ったのは中学二年のころで、中学に入って知り合った同級生のＹ君がもたらした刺激的な情報が発端でした。

情報通のＹ君クンの報告によると、テレ朝通りには有名な芸能人しか入店できない会員制の秘密クラブがあって、この店には連夜、郷ひろみ、西城秀樹、ショーケン（萩原健一）、キャロル時代の矢沢永吉といった名だたるスターがお忍びで現れる――というもので、好奇心がビンビンの割に根が疑り深い性格の私が、さっそく捜査に乗り出したことはいうまでもありません。

中学二年の夏休みといえば、心あるクラスメートは学習塾に通い、来るべき翌年の受験勉強に備えて学力アップをはかるための大切な時期。そんな貴重な夏休みをフルに活用して、私は三日にあげず夜のテレ朝通りを行きつ戻りつしながら、謎のナイトクラブ探しに精を出したのでありますが、収穫はゼロ。

有力な手がかかりを得たのは翌年のこと。当時高校生だった姉のクラスメートに某俳優の姪がおり、彼女が叔父にあたる俳優に問い合わせてくれたことで、くだんの秘密クラブに繋がる有力な情報が手に入ったのです。姪が姉に伝えた情報によると、テレ朝通りにある芸能関係者が多く来店する会員制クラブといえば、たぶんテレ朝通りの入口近くの地下にある『ＲＩＣ－Ｕ』というサパークラブのことだろう、ということでした。これを聞いた私は学校の帰りに級友たちを引き連れ、さっそく現地に赴いたのでしたが、そんな名前のクラブは見当たらず、大いに落胆したことでした。

それから三十年以上の歳月を隔てた平成二十二年（二〇一〇）八月十七日。これぞ天の配剤か、私はこの日『ＲＩＣ－Ｕ』をよく知る人物と邂逅します。

富山市在住の中井英治さん（当時八十一歳）がその人物。たまたま中井さんが、そのころ私がマネージメントに携わっていた某歌手のファンだったことから、ゆくりなくも歌手と私と中井さんとで居酒屋のテーブルを囲むことになり、なんと中井さんが『ＲＩＣ－Ｕ』の経営者だったことを知るのです。

富山の大手製薬会社の次男坊に生まれた中井さんは自身も薬剤師でしたが、家業には携わらず、高岡市内に書店（現在の文苑堂書店）を開業。書店が軌道に乗ると経営権を他人に譲り、今度は富山市最大の繁華街である桜木町の再興に全力を傾けます。

富山市街も麻布十番と同じく空襲で一面焼け野原となり、復興が急務となっていました。折しも中井さんの母親が経営する料理旅館に長期逗留していた放浪の芸術家、山下清がぼそっと呟いた「桜木町って暗くて寂しいところだね……」の一言に触発されて、中井さんは桜木町をふたたび紅灯の都にすることを誓ったといいます。

昭和三十年代に入ると、中井さんは桜木町にクラブやスナック、喫茶店などの飲食店を矢継ぎ早に出店。高度経済成長期のサラリーマン需要を追い風に、事業の拡大をはかっていきます。そして、昭和四十年（一九六五）には北陸初といわれた三階建ての巨大キャバレー「花馬車」を桜木町にオー

RIC-U 店内で。中井氏（中央）と美輪明宏（右隣）

プン。ショータイムには東海林太郎や、無名時代の杉良太郎もステージで歌っていたそうです。

こうして桜木町の復興プランを完遂した中井さんは、次なる目標を東京進出に定め、昭和四十一年（一九六六）、麻布桜田町（現・西麻布三丁目）のテレ朝通り沿いにあるマンション（桜田ハイツ）の地下に、会員制のサパークラブ『ＲＩＣ－Ｕ』をオープンさせるのです。

当時はまだ一般的ではなかった会員制にしたのは、中井さんの親友でもあった俳優の天知茂の、「客の目を気にせず、ゆっくりと食事のできる店にしてほしい」という要望に応えたため。俳優に限らず、マスコミに顔を知られた著名人に、リラックスした寛ぎの空間を提供するのが中井さんの狙いでもありました。

しかも、フリの客が誤って入店するのを防ぐために、店のドアには専用カードを使ってロックを解錠する最新のシステムを採用。昨今でこそ店内にＶＩＰルームを設けている飲食店も少なくありませんが、当時はまだ数えるほど。いやいや、現在でも芸能人専用のカード・キー方式の会員制クラブなんて、とんと耳にしたことがありません。

果たして中井さんの狙いはピタリと当たり、『RIC‐U』には大勢の芸能人や文化人、映画・テレビ・演劇関係者が詰めかけるようになります。当時の常連客の一部を列挙すると、天知茂、原信夫（シャープス・アンド・フラッツ）、美輪明宏、野際陽子、三島由紀夫、舟木一夫、コント五十五号、林家三平（初代）、ドンキーカルテット……等々。三平師匠にいたっては、毎年の誕生日に店を貸し切り、一門を集めてバースデー・パーティを開くほどのご贔屓さんでした。ちなみに、郷ひろみ、西城秀樹は来なかったそうですけど……。

というわけで、当時の芸能関係者の間ではちょいと名の知られた『RIC‐U』でしたが、残念ながら中井さんの個人的事情で昭和五十年（一九七五）に閉店。いくら私が探しても見つからなかったわけです。

他日、上京した中井さんを六本木六丁目に案内し、思い出の地を一緒に歩いてみたのですが、町のあまりの激変ぶりに言葉を失うばかりの翁。せめてもの救いは、店が入居していた「麻布桜田ハイツ」が当時のままの姿で残っていたこと。老朽化したビルを無言で見つめる中井さんに『RIC‐U（リック・ユ）』の由来を尋ねると、

「ゆっくり。逆さにして、リック・ユ。単純ですけどね、いい名前でしょ？」

昨年、九十歳の誕生日を迎えた中井さん。ゆっくりと老後の生活をおくるどころか、現在も富山市内を飛び回っては数々の社会貢献事業に携わるほか、富山名物「ますの寿司」の全国普及活動にも情熱を注いでいます。

都会の秘境と「六六計画」

さて、六本木通りからテレ朝通りに入り、左手にヒルズを見ながら直進すると、すぐ右側に『RIC－U』が入居していた麻布桜田ハイツ。その先に見える信号を左折すると、ヒルズの真ん中を東西に横切る「六本木けやき坂通り」に出ます。沿道には超ハイクラスのホテル（グランドハイアット東京）やテレビ朝日、アルマーニ、ティファニー、ルイ・ヴィトンなどの高級ブランドショップが、これでもかッ、という勢いで妍《けん》を競っておりますが、本書にも我が家にもまったく無縁の場所ゆえにスルーします。

要は、けやき坂通りに入ったら前方のゴージャスな景観には目をやらず、すぐ一本目の信号を右折することです。右折したら、目の前の景色をご覧ください。左へ大きくカーブしながら下降する桜並木――その名もズバリ「六本木さくら坂」。

いまや東京の新たなお花見スポットとして定着しているこの坂の旧名は「玄碵坂《げんせきざか》」。実はこの坂こそ、都会の秘境＝北日ヶ窪町への入口だったのです。

中学生時代の私は、坂下にあたる東側から玄碵坂を上り、テレ朝通りに出るルートを好んでいました。同級生の何人かは坂の途中に住んでおり、第二章で触れた公団の北日ヶ窪住宅は坂の北側にありました。もし、このエリアに同級生が住んでいなかったら、あるいは北日ヶ窪町に足を踏み入れる機会はなかったかもしれません。幸いにもクラスメートのお蔭で、崖と斜面と金魚池の光景を

かつての玄碩坂（伊藤照彦写真集『六本木六丁目残影』より）

辛うじて記憶にとどめることができたわけです。

この稿を起こすにあたって、かつてこの地に暮らしていた級友たちに話を聞こうと、彼らの消息を追ってみたのですが、結局はわからずじまい。何人かはヒルズのレジデンス棟（住宅棟）に転居したようですが。そうした事情もあって、十番小僧の私が見た北日ヶ窪町の記憶だけを頼りに、この稿を進めることになりました。なので多少の勘違いはご容赦くださいませ。

現在のさくら坂は傾斜度が緩やかになっており、かつての玄碩坂で体験したようなワクワク感はありませんが、坂上と坂下の高低差はおよそ二十メートル。この落差は、さくら坂と「内田坂」が坂下側でクロスする地点でようやく実感することができます。

江戸時代、坂下に内田豊後守の屋敷があったことから名づけられた内田坂は、テレ朝通りから麻布十番方面へ二十メートルの高低差を一気に下っていく、長さ三〇〇メートルのやや急峻な坂。北側のさくら坂にほぼ平行するかたちで伸びており、再開発前の玄碩坂の雰囲気をとどめているので、北日ヶ窪町のかつての地勢を体感するにはもってこいです。

江戸時代まで遡ると、北日ヶ窪町から宮村町（現・元麻布三丁目）あたりは藪下と呼ばれていました。坂下には湧き水を利用した池がいくつもあり、江戸の後期には、下級武士たちが湧水池を利用した金魚の養殖を副業にしていたといいます。松本隆が書いている坂下の金魚屋さんの歴史は、存外古いということですね。

冒頭に引用したかの子の『金魚撩乱』は、金魚の品種改良に取り憑かれた男の異常とも思える執念を描いた耽美的な中篇小説。こんこんと湧き出る水、崖上と崖下に住む人間が綾なす優越と屈折の微妙な心理など、北日ヶ窪町という特異な地勢と景観がなければ、けっして生まれ得なかった作品といえるでしょう。

北日ヶ窪町で最後まで残った金魚商（観賞魚販売業）が天保十一年（一八四〇）創業の「原安太郎商店」。代々の家業を継いだ原保さん（昭和五年生まれ）は、在りし日の北日ヶ窪町をこう振り返っています。

「ヒルズの開発工事が始まる一九九九年まで『原安太郎商店』という金魚屋をやっていました。ご近所さんからは原金って呼ばれてね。江戸時代創業の金魚卸商で五代目でした。金魚はヨーロッパでも人気があって（当時は）ロンドン支店もあったんです。（六本木）六丁目は下町の風情があった。うちは玄碩坂という坂の下の窪地にあって、綺麗な水に恵まれていた。金魚屋をやるのに適していて、いい水を求めて人が集まる土地でした。昔といっても二十五年前（一九九八年）まで、この辺にクワガタとかカブトムシがいたんですよ。夜になるとフクロウがホーホー鳴いてね。私も子供の頃、毛利庭園の池でオタマジャクシをとったものです」　（『週刊ポスト／二〇一三年六月二十一日号）

なんと東京のど真ん中、それも天下の六本木で野生のフクロウが鳴いていたとは！　かつての北日ヶ窪町を私が〝東京の秘境〟と表現した真意をご理解いただけたと思います。

そんな秘境が六本木ヒルズの超高層ビル街に変貌するキッカケをつくったのが、もともと六本木六丁目に本社を構えていたテレビ朝日でした。

昭和五十八年（一九八三）、老朽化した本社ビルの建て替えを検討していたテレ朝は、この事業を森ビルの森稔専務（当時）に相談。時折しも、森ビルが社運を賭けて取り組んでいた「赤坂・六本木地区第一種市街地再開発事業」（アークヒルズ）の着工前夜のことで、テレ朝も竣工後のアークヒルズに放送センターを移転させることになっていました。

テレ朝側には当初から、開業の地である六本木六丁目の本社ビルを最新鋭の放送センターにリニューアルしようという企てがありましたが、すでにアークヒルズの事業を軌道に乗せた森ビル側にとっても、六本木六丁目の再開発はまさに垂涎の新規事業だったのです。

昭和六十一年（一九八六）、東京都が六本木六丁目地区を「再開発誘致地区」に指定すると、テレ朝と森ビルが描いた青写真はさらに巨大化し、国内最大規模の市街地再開発事業へとスケールアップ。それはテレ朝の所有地に、五百世帯が暮らす南側の崖下エリアを取り込んだ、東京ドーム八個分にも相当する前代未聞の都市再開発事業であり、テレ朝・森ビル・地域住民が一体となって推進する六本木六丁目「再生」の壮大なシナリオでもありました。

後に六本木六丁目の六をとって「六六計画」と呼ばれるようになるこの再開発事業はしかし、想像を絶するような様々な障壁に前途を阻まれることになります。なかでも最難関だったのは、地域住民（地権者）の同意を取り付けること。さらに、法律上では地権者の三分の二以上の賛成があれば再開発事業は進められるものの、事業の推進母体となる再開発組合の設立認可に際し、区が権利者の九割以上（正確には九十二％）の同意書の提出を求めてくるといった予期せぬアクシデントにも見舞われたのでした。

あるテレビマンが遺したもの

地域住民の賛同を得ることが再開発事業の最大の仕事であることは論を俟ちません。対象エリアの住民たちに居座られては再開発もクソもないわけで、デベロッパーが「住民が賛成してくれれば事業の九割は成功」と口をそろえる理由もここにあります。

先述した都の「再開発誘致地区」指定を受けて、テレ朝と森ビルは地権者に対する説明活動を開始。二社の社員が二人一組でチームを組んで対象者の自宅を訪ね、開発計画の内容を説明するのです。

が、時はちょうどバブル景気の入口にあたる昭和六十年（一九八五）。全国に地上げ屋が跋扈していた頃です。地権者のなかには六六計画を地上げ目的の土地買収と勘違いする人々も少なくなく、門前払いはあたりまえ、居留守をつかって一切のコミュニケーションを拒む住民もいたといいます。

それにしても、森ビルの社員はまだしも、住民説得チームのメンバーに配属されたテレ朝の社員こそ、まったくイイ面の皮といわねばなりません。自社が推進する開発事業とはいえ、これを決めたのは一握りの上層部であって、末端の社員にとっては青天の霹靂。

私だったらイヤですね、先月まで歌謡番組のブッキングのために芸能プロの社長を銀座で接待していたのが、「来月から住民説得チームで頑張ってね。期待してるからさあ、イェー!」なんていう不当人事は……。ま、そこまで極端なケースはなかったにしても、私なら「退職願」を叩きつけていたことでしょうよ。たぶん。

ところがテレ朝には、任務に忠実で意志強固な社員が多かったのでしょうね。こうした人々の粘り強い説得活動や近隣住民への説明会によって、二年後には対象地域の五町会のあいだで新しい街づくりへの機運が高まります。

これまで述べてきたように、崖下の窪地に木造建築の低層住宅が密集する旧北日ヶ窪町の南エリアは、防災上の懸念を抱えていました。消防車も入れない細道の多いこのエリアにひとたび火災でも起きれば、それこそ一大事。地域全体が焼失してしまう危険さえはらんでいたのです。

こうした由々しき環境に加えて、前述した公団住宅の老朽化も進んでおり、建て替えが検討されていました。このような状況を勘案すれば、本来、地域住民が再開発事業に反対する正当な理由はなかったわけです。

それでも最後まで再開発に反対した住民もいました。しかし、反対派住民の主張を子細に吟味してみると、再開発イコール自然破壊という先入観や、毛利池を残さないなら再開発に反対する、といったイマイチ説得力に欠ける理由がほとんど。仄聞《そくぶん》したところでは、再開発のような大規模事業には何が何でもイチャモンをつけなければ気が済まないような某政党の区会議員が反対派のバックにいたようなので、シガラミから止むを得ず反対陣営に与した住民もいたのかも。

こうした道筋を経て（実際には本が一冊書けるほどの紆余曲折があったのですが）、六六計画がようやく着工の日を迎えたのは平成十二年（二〇〇〇）四月のこと。東京都が六本木六丁目を再開発誘致地区に指定してから、実に十四年もの歳月が流れていました。

六本木ヒルズの開業は、それから三年後の平成十五年（二〇〇三）の四月二十五日で、権利変換（地権者が所有していた土地・建物の価値に見合う広さの床を再開発ビル内に取得すること）によって地権者たちの大半がヒルズ内のレジデンス棟に入居。その一人である金魚商の原さんは先に引用した週刊誌の取材に答えて、次のような感懐を語っています。

「百七十年続いた金魚屋を自分の代でつぶしてしまうのはご先祖様に申し訳なかったけれど、ここ（再開発前の北日ヶ窪町）は道が狭くて防災上の問題があった。再開発の話がきた時、今が変える時だと思いました。私は戦争中に空襲を経験しているからいつも心配していたんです。（地域住民の）八十パーセントが地権者権利変換でヒルズに暮らしてます。（中略）金魚屋はティファニーとルイ・

ヴィトン、アルマーニに生まれかわりました。ご先祖様はアルマーニのことは知らないだろうけど、自分たちでこれほどの街を作ることができたのだから許してもらえると思います」

さて、私の目の前にはいま、一冊の写真集があります。

タイトルは『六本木六丁目残影～あの家並み　あの坂道　一九九二－二〇〇〇』。

著者の伊藤照彦さんは昭和十四年、寅さんの故郷・葛飾区柴又で生まれ、東京オリンピック前年の昭和三十八年（一九六三）にテレビ朝日（当時はＮＥＴ）に入社。報道局記者や編成局長などを歴任後、平成四年（一九九二）から足かけ八年にわたって局内の「新社屋建設局」に在籍し、その間にやがて消滅する旧北日ヶ窪町の景観をフィルムに焼きつけた人物です。

点数はそれほど多くありませんが、すべてのカットがヒルズ起工前の北日ヶ窪町の風景を愛情たっぷりに捉えており、見飽きることがありません。多忙なテレビマン生活をおくってきた伊藤さんは、時代に取り残されたようにひっそり佇む北日ヶ窪町の風情をこよなく愛し、昼休みや会社の帰りなど、ちょっとした空き時間にこの町を散歩するのを至福のひとときにしていたといいます。

もっとも感動的な一枚は、少しだけ見えている毛利池の桜をさりげなく収めたカット。さらに、この写真について伊藤さんが記した文章が、ひときわ私の心に響いたのでした……。

《本工事直前の春のことであった。偶然通りかかった時に工事塀囲いの上にわずかに頭を覗かせている毛利池の桜を見てしまったのである。

満開であった。年に一度の最後の晴れ姿を誰かに見せたかったのだろう。どこか悲しそうで、いじらしかった。》

平成十一年（一九九九）、テレ朝を定年退職した伊藤さんは、ヒルズ開業の翌年、八年間にわたって撮り溜めた膨大なフィルムのなかから七十五枚のショットを精選し、一冊の写真集として自費出版。退職後は東京都のPR番組の制作などにも携わっていたそうですが、平成二十二年（二〇一〇）に病に倒れ、七十一歳で彼岸へと旅立ちました。

今回、夫人の孝子さんのご厚意で、出版当時、主にテレ朝の関係者に頒布されたのみで公の目に触れる機会のなかったこの写真集から、数葉のカットを選んで本書で紹介することができました。

天国の伊藤さんに心より御礼を申し上げます。

塀の向こうに毛利池の桜が見える
（前掲、伊藤照彦写真集より）

麻布竹谷町の今昔

高見順が愛した町

《麻布の竹谷町のとある狭い横町の長屋の前に、長屋の子には似つかわしくない、前髪をのばしておかっぱにした、身なりもこざっぱりした見るからに脾弱そうな男の子がひとり、しょぼんと立っている。》

《路地といった方が適当かもしれない狭いその道と直角に、やや広い道路があり、その先にまたこれと直角に、川に沿って電車線路が走っているのだが、丁度そこで、川の湾曲とともに曲がっているので、小さな電車がぶざまな救助網をガクンガクンと揺りながら通りすぎるたびに、車輪がキーと軋む。その音が、暮色の迫りはじめたその路地にまで何か悲しく響いてくる。》

《その頃、竹谷町及びその一帯は、一般的に言えば所謂山の手の屋敷町の部類に属していた。そして屋敷と屋敷の間に、宛も指の間の疥癬のように、見苦しい陋巷が発生していたのである。》

以上の文章は、いずれも高見順の自伝的小説である『わが胸の底のここには』に描写された明治末期から大正初頭の麻布区竹谷町（現在の南麻布一丁目）の情景です。

明治四十年（一九〇七）、福井県の三国町で私生児（非嫡出子、婚外子とも。いわゆる父なし子のこと）としてこの世に生を受けた高見順。父親の坂本釤之助は旧尾張藩士・永井家の出身で、東京府書記官から福井県知事に転出した後、鹿児島県知事、名古屋市長、貴族院勅選議員、枢密院顧問官へと栄進した超エリート。ちなみに永井荷風は釤之助の甥にあたります。母のコヨは福井県知事時代に釤之助と懇ろになり、やがて高見順を妊ったのでした。

コヨが福井県知事を辞した釤之助の後を追うように上京したのは、順が一歳九カ月のころ。いったんは釤之助の本宅があった飯倉三丁目あたりの一軒家に落ち着くも、ほどなくして竹谷町五番地の長屋に移転。結婚して大田区大森に新居を構える昭和五年（一九三〇）までの二十二年間を、順は竹谷町とその周辺で暮らすことになります。

資料によると、竹谷町はもと麻布村の一部で、明暦年間（一六五五～一六五八）に仙台藩伊達氏の下屋敷となり、享保八～十年（一七二三～一七二五）には東部の三分の一が旗本の屋敷に。明治五年（一八七二）に武家地を合併して麻布竹谷町となります。町の北辺の長い坂が先述した仙台坂です。

少し脱線しますが、二ノ橋交差点から仙台坂を上り、麻布山入口の信号の先を左折して一五〇メートルほど行くと、左側に港区シルバー人材センターのビル（南麻布一‐五‐二十六）があります。

このあたりは旧麻布竹谷町のエリアですが、江戸中期までは伊達家下屋敷の敷地内の一部で、享保八年（一七二三）以降は禄の低い旗本の屋敷地だったそうです。

平成元年（一九八九）、ビルの建設に先立っておこなわれた発掘調査の際に、地中から幕末の旗本の生活を知るための貴重な遺物が多数発見されました。

なかでも注目されるのは、番傘の材料が多量に出土したことで、このあたりに住んでいた旗本が傘づくりの内職をしていたことが明らかになったのです。下級の旗本が内職によって生計を立てていたことは知られていましたが、物的な証拠が確認されたのは初めてのことだったそうです。

四谷怪談の映画を観ると、浪人に身をやつした民谷伊右衛門が番傘づくりで口に糊している場面が出てきますが、よくいう〝傘張りサムライ〟って、本当に存在したんですねえ。

本題に戻りますと、明治三十年代の竹谷町の景況について、高見順は自著のなかで明治三十五年（一九〇二）刊行の『新撰東京名所図会』の一説を引用して、区域は狭く、人家も疎ら。いたって寂寞の地で、同町六番地にあった仙華園だけが見物客を集めていた――と説明しています。

仙華園は明治二十年代に竹谷町の植木商、大塚安五郎が仙台藩邸跡に開いた回遊式の植物園。園内には牡丹・梅・朝顔・菊・萩など百花の花壇があり、向島の百花園と並び称される名園だったといいます。まあ、いってみれば、それだけ広壮な植物園が造れるほど当時の竹谷町は人家の少ない寂れた場所だったわけですね。

それでも明治の終わり頃になると、粗末な長屋がお屋敷の間に建ちはじめ、高見もそうした長屋の住民だったわけです。にしても、自身が住んでいた長屋を「屋敷と屋敷の間に、宛も指の間の疥癬のように……」と表現しているところはいかにも露悪家の高見らしいところで、狭い横町の長屋だったことに間違いなかったにせよ、「実際には陽当たり良好な明るい家だった」と高見の同級生たちは証言しています。

とはいえ、高見家の生活はけっして楽ではなく、家計は彭之助から支給された月額十円（現在の一万五千円ぐらいか）の補助金と、母コヨの仕立て仕事によって成り立っていました。

日刊福井の元記者で、高見順研究をライフワークとしている三国町在住の川口信夫さんによると、彭之助には自分が引き取るという条件で順の認知に応じる意志があったようですが、一人息子を手放したくなかったコヨは、彭之助の申し出を潔しとせず、あくまでも自分の手で順を育てる道を選んだそうです。シングルマザーなんて言葉もなかった時代に、これはなかなかできることじゃありません。

そうした事情もあって、コヨはわが子を人一倍厳格に育てました。礼儀作法や学業に関してはむろんのこと、衣服にはお屋敷の子弟に負けないぐらい気をつかい、髪型も当時の長屋の子には珍しく、前髪を伸ばした「坊ちゃん刈り」にこだわりました。たとえ父なし子と周囲から後ろ指を差されようとも、順は他の長屋に住んでいる子供たちとは生まれの違う貴顕の子なのだ——コヨはそうしたプライドをもってわが子の教育に心血を注いだのでした。

一方、高見順もそうした母親の訓育に応えるように、勉学に勤しみ、府立一中（現在の都立日比谷高校）から、一高、帝大というエリートコースを進んで、やがて昭和を代表する小説家・詩人として大成するわけですが、それはずっと後の話になります。

それよりも私が堪らなく惹かれるのは、少年時代の高見順が見た、いまや失われてしまった竹谷町の風景なのであります。

「竹の湯」の思い出

大正二年（一九一三）、高見順は麻布区立本村小学校に入学しますが、竹谷町のすぐ隣の東町に建設中だった「東町小学校」（現・港区立東町小学校）の完成と同時に、二学期から同校へ転校。プロローグでも触れましたが、不肖私も東町小の卒業生なので、高見順は大先輩にあたります。

そんな因縁も手伝ってか、私は高見順という作家に一方ならぬ関心を抱いてきました。もちろん小学生当時はこんなオッサンの名は聞いたこともなく――高見の有名な詩「われは草なり」が国語の教科書に載っているらしいのですが、果たして私が小学生だった昭和四十年代に掲載されていたのかは定かでなく、よしんば載っていたとして私にはさっぱり憶えがありません。熱心に授業を受けるようなタイプの小学生ではなかったので。

そんな私が高見順に興味を持ったのは、二十代の頃にたまたま読んだ『わが胸の底のここには』のなかに、大正から昭和の竹谷町の風景を見つけたからでした。

十番小僧時代の私にとって、竹谷町はとても馴染みのある場所。なにしろ東町小学校の裏手がす

竹の湯

ぐ竹谷町（正確には旧竹谷町エリア）なので、放課後はまっすぐ帰宅せず、まずは竹谷町にあった駄菓子屋を兼ねた文房具店に直行。そのころブームになっていた「練り消しゴム」（粘土のように柔らかく、好きな形に成型できる消しゴム。略称は練り消し）を、先を争うように買ったものです。

　また竹谷町には小学校の同級生がたくさん住んでいました。なかでも仲のよかったM君が韓国大使館のすぐ隣の崖下アパートに住んでいたので、大抵はM君の部屋に入り浸っては人生ゲームや五目並べで遊んだり、裏口から韓国大使館に忍び込んではスパイごっこに興じたりしていました。M君の父親が大使館に勤めていたのでこんな無謀な遊びも許されたわけで、なんとものんびりした時代でした。

　もうひとつ竹谷町で忘れてならないのは、「竹の湯」という銭湯。

　この竹の湯が当時、私たち悪ガキどもの社交場になっておりまして、ナイター中継やプロレス中継、『太陽にほえろ！』が終了した午後九時過ぎあたりから、一人二人と申し合わせたように悪童たちがこの銭湯に集まってくるのでございます。

SNSなんぞ影も形もない時代のこととて、この銭湯サミットが当時の貴重な情報源となり、内風呂のあった私なども話題から乗り遅れてはならじと、夜な夜な母親から湯銭をせびっては竹の湯に駆けつけたものでございます。テーマは多岐にわたっておりましたが、教職員の人事情報や転校生の素性や家族関係、果ては生殖行為の知られざる実態など、思春期の入口に立ったガキどもの心をわしづかみにするエグイ話題も豊富でした。

ま、そんなこともありましたけれど、連夜の竹の湯通いで私が密かな愉しみとしていたのが、地元の工場経営者、善福寺あたりの大工さんや石材店のオヤジさんたちが開チンしてくれる麻布界隈の昔話。

高見順も自著『わが胸の底のここには』『いやな感じ』のなかで触れていますが、第一次大戦を契機に竹谷町や古川橋から四之橋にかけての古川両岸に、雨後のタケノコのように工場が建ちはじめます。いまでも古川対岸の白金一丁目の一部エリアにその頃の面影を偲ぶことができますが、昭和四十年代当時の竹谷町にも小さな町工場や職人さんたちが健在だったのです。

そうした町の古老から聞く十番界隈の昔話は子供心にもたいへん興味深く、古川の洪水、十番の夜店、花街と三業地、蟇池伝説や麻布七不思議の怪異譚などは、小学生時代に竹の湯の湯船で聞いた話です。

長じて読んだ高見順の諸作品にシンパシーを感じるようになったのも、たぶんこの頃に古老たちから仕入れた昔話が下地にあったからで、もっと麻布十番を識りたいという好奇心を呼び寄せるきっかけにもなっていると思うのです。そうした意味で、竹谷町は私にとって特別の場所ということができます。

東町小学校と高見文庫

最前から気になってはいたのですが、竹谷町はあくまでも旧町名です。昭和四十一年（一九六六）に住居表示が実施され、かつての竹谷町の町域は南麻布一丁目（三丁目の一部も含む）になりました。ということは、私が竹の湯に通っていた昭和四十年代の中頃にはすでに南麻布一丁目だったわけですが、小学生時代から今日にいたるまで、このエリアを竹谷町と呼んでしまう習慣が私にはありません。

前にも触れましたけれど、住居表示法によって失われてしまった麻布の旧町名は山の数ほどあり、竹谷町もその一つに過ぎません。にもかかわらず私の感覚では、竹谷町は竹谷町であって、南麻布一丁目ではないのです。それでいて隣町の新堀町は抵抗なく南麻布二丁目という新しい住居表示で呼んでいるし、現在の麻布十番一丁目を新網町とか宮下町とかいう旧町名で呼ぶこともありません。

銀座五丁目を尾張町と呼ぶ人はいまでもいるし、渋谷区神宮前にあるファッションの聖地がいまだに原宿と呼ばれているように、町名が新しくなったからといって直ちに旧町名の呼称習慣が廃れてしまうわけではなく、その町名が有する知名度や土地への愛着度によって、旧町名が人々の口の端にのぼるケースは多々あるわけです。

ちなみに、昭和四十年代に幼少期を過ごした十番小僧で――少なくとも私の周囲にいるポン友たちに限っていえば、麻布十番界隈の旧町名のなかで、いまだに会話のなかで通用する旧町名は「竹谷町」と「小山町」（現・三田一丁目）の二つだけ。その理由は自分でも判然としないのですが、まずいえることは、この二つの町には幼少期のさまざまな経験を通じて蓄積された特別の想いがあること。そういえば小山町にもかつて「小山湯」という銭湯があり、ここも悪ガキどもの情報集積基地になっていました。

そして、これは重要なポイントですが、竹谷町にも小山町にも、私が十番小僧だった昭和四十年代にこれらの町が照射していた「オーラ」のようなものが、いまも残っているからではないか、とも考えるのです。

バブル期を境に麻布十番という街が変容してしまったことはすでに述べましたが、そのなかで竹谷町と小山町の西地区は大規模な再開発計画から逃れた稀有なエリアということができます。もちろん個々の建物は新しくなり、マンションの数が増えたことも確かだけれども、それでも変わらない磁場のようなものを二つの町からは強く感じるのです。

残念ながら……というべきか悩ましいところではありますけれど、最後まで再開発に反対していた小山町の西地区もついに踏ん張りきれず、間もなくタワーマンションの町に生まれ変わろうとしています。こうした情勢を考えると、私には竹谷町という町が一層、恋しく尊く感じられるのです。

さて、そんな竹谷町に高見順の足跡を探すべく奮起した私は、まず手始めに南麻布一丁目（旧東町）にある港区立東町小学校へ――。

およそ四十年ぶりに訪れた母校は、校舎も当時そのまま。たしか私が卒業する寸前に落成した鉄筋校舎です。したがって、懐旧の情などはてんで湧き起こりません。十番散歩の折節にも頻繁に小学校前の道を通っていますし。とはいえ、校舎に一歩足を踏み入れる瞬間には少しばかりの緊張を覚え、さらに校庭で遊ぶ生徒たちの姿に仰天。日本人に混じってヨーロッパ系、アフリカ系、アジア系の子供たちが縄跳びやドッジボールに熱中しているではありませんか。いつから東町小はインターナショナルスクールになってしまったのか……。

さすがに大使館の街、外国人の多い街で知られる麻布の小学校。私が在学していた昭和四十年代には、外国人のクラスメートといえば韓国系の女の子が二～三人いるだけでしたが、ここ十数年で国際化が進み、現在は全生徒数の約四割が外国籍や二重国籍を持つ児童と帰国子女で占められているとか。

一時は生徒数が激減し、廃校の危機に見舞われたこともあったといいますが、平成二十四年（二〇一二）には各学年の通常学級に外国人児童を受け入れる国際学級を設置。インターナショナルな教育方針を前面に打ち出すことで廃校のピンチを切り抜けたといいます。その背景には、港区が実施している「学校選択希望制」（区域の指定校や隣接校から希望の公立小中学校を選択できる制度）があるそうで、公立小学校といえど自校の独自性や存在意義を積極的にアピールすることが求められているようです。

そうした母校の現況をひとしきり副校長のM先生から伺ったところで、テーマは本筋へ。実は私が確認したかったのは、その後の「高見文庫」について。

私が入学したころの東町小学校は木造校舎でした。大正二年（一九一三）に開校したこの学校、関東大震災による倒壊は免れたものの、昭和二十年（一九四五）五月の空襲で全焼。一旦は廃校になりましたが、昭和三十年（一九五五）に再開。私が通っていた当時の校舎はこのときに竣工した二階建ての木造校舎で、外壁に蔦の絡まったような、かなりレトロな雰囲気を醸し出しており、木床には真っ黒いタールが塗布されていました。

雨の日の昼休みの楽しみといえば、タール臭の立ちこめた図書室でポプラ社版の少年探偵団シリーズを読みふけることでしたが、そんなある日、何連も並んだ書架の隅の方に、独立した小さな本棚が置かれているのに気づいたのです。

しかし、そこに並べられていたのは大人が読むような小説ばかりで、生徒たちは見向きもしません。この書棚が高見文庫と呼ばれているのを私が知ったのは、卒業して何年も経ってからのことでした。

激変した崖下の町

東町小が高見文庫を設立したのは、高見が病没した昭和四十年（一九六五）の十一月二十二日のこと。学校関係者や同級生たちが高見の文業を顕彰する目的で、同校が所有していた『高見順日記』『昭和文学盛衰記』や、高見家から寄贈された数百冊の著書を展示。これを「高見文庫」と名づけ、夫人の高見秋子さんを招いて盛大な開設式も挙行されたそうです。

しかし先述のとおり、私の記憶にある「高見文庫」はお世辞にも顕彰モードとは言いがたく、どちらかといえば厄介者として図書室の隅に追いやられていた印象でした。その後、昭和四十年代の終わりに東町小は鉄筋校舎に建て替えられましたが、果たして新校舎の図書室に「高見文庫」があったのかどうか、まったく覚えていません。

「高見文庫」

あれから幾星霜。果たして、高見文庫はいま!?――テレビ番組なら、ここでCMを跨ぐところですが、副教頭のM先生の返事は、「高見文庫ありますよ」と存外あっさり。やや拍子抜けした体で二階の資料室に案内されると、ありましたよ、そこに高見文庫が！

写真をご覧いただければ説明は不要ですが、ガラス張りのディスプレイ・ケースのなかに著書がざっと四十冊。他にも小学生時代の写真や昭和四十一年九月に新宿伊勢丹で開催された高見順展のパンフレット、「われは草なり」が掲載された国語の教科書なども陳列されており、まずまずの顕彰ムード。高見家から寄贈された数百冊の著書の行方が少し気になったのですが、「すべての資料を展示するのは無理ですので……」というM先生の言葉に、そりゃそうですよねえ、と納得した次第。

というわけで、高見文庫の健在に胸を撫で下ろした私が向かったのが旧竹谷町。といっても東町小のすぐ裏手なので、向かったもクソもなく、現在の住居表示では東町小も旧竹谷町も同じ南麻布一丁目の町域にあります。

さて、いざ竹谷町エリアに踏み入ってみると、高見順の時代を偲ばせるものは何もありません。それも道理で、東町小に同じく旧竹谷町も昭和二十年（一九四五）五月の空襲で全滅してしまったからです。

よほど気になったのか、その前月に竹谷町を訪れた高見順は、日記にこう綴っています。

《竹谷町に出た。私の通った東町小学校は、昔のままだった。前の赤煉瓦の邸宅も昔のままだ。懐かしい。学校に沿った横道に入った。突き当りの岡本さんは、私のうちでいろいろ世話になったところで、ここまで来たのだから挨拶して行こうと思ったら、――家がつぶれている。強制疎開だ。ごく最近、取りこわしたらしい様子だ。》

（『高見順日記』昭和二十年四月二十二日）

昔と変わらぬ母校の学舎に高見が安堵したのも束の間、その一カ月後には東町小も竹谷町も焼夷弾の爆撃を受け、あたりは一面の焼け野原と化したのです。

しかし家並が激変してしまっても、町の地勢がそれほど変わるわけではありません。土地の高低差を手がかりに崖を目指して西の方向へ進んでいくと、いやはやマンションが目の前に立ちはだかって、崖下の風景は見る影もありません。昭和四十年代までは高層建築は珍しく、ほとんどが平屋か二階建ての家屋ばかりだったので、屋根越しに崖肌を見ることができたのに……と、さらに歩を進めてみると、見えました！

マンションのほんのわずかな隙間から、五十年前と変わらぬ姿で崖肌がのぞいていたのです。

竹谷町の崖肌

この崖上の台地が仙台藩の下屋敷があったところで、後に明治期に総理大臣を二度も務めた松方正義の三男・正作の屋敷となり、この敷地内の一部に先述した仙華園がありました。
一方、崖下には高見も暮らした庶民的な長屋が廂《ひさし》を寄せ合っていたはずで、その高低差は、およそ十メートル。この崖上と崖下のコントラストを目の当たりにすると、麻布十番もそうですが、山の手のなかにも、さらに「山の手」と「下町」があることを実感します。もちろん現在は長屋の面影はありませんが。

それにしても、麻布市兵衛町の崖上に洋館（偏奇館）を建て、崖下を睥睨していた永井荷風と高見順は、あまりにも対照的。従兄弟同士でありながら、二人が不仲だったのもうなずけます。

続いて、昭和四十年代の風景をもとめて東の方へ戻ると、あの「竹の湯」（南麻布一－十五－十二）はいまも健在でした。

この銭湯の特徴は地下から汲み上げたコーヒーのような黒褐色の天然水を加熱して使っていること。これを「麻布黒美水」というそうですが、私が通っていたころは単に「薬湯」と呼んでいました。泉質はアルカリ性の炭酸水素塩冷鉱泉で、神経痛、慢性消化器病、冷え性などに効くみたいです。

十番小僧の時代はまったく意識していませんでしたが、早い話がこの銭湯、温泉なのですね。十番商店街にあった「越の湯」（十番温泉）が閉店してしまってからこの方、竹の湯の存在価値はますます上がっているようで、遠方からやってくるお客さんも多いとか。銭湯経営が厳しい時代にあって、誠にあっぱれな旧竹谷町のランドマークであります。

そして旧竹谷町探訪の最後は、懸案の高見順旧居跡の特定です。

高見順の文業に対して、「かつて高見順という時代があった」という名言を遺した文芸評論家の中島健蔵。高見順の死後、中島は高見と縁ある土地を訪ね歩きましたが、結局は竹谷町に踏み込むことを断念して、麻布を後にしたというエピソードが残っています。「町の変わり方が激しく、何十年も前の名ごりを求めてもむだだとわかっているからである」というのが、その理由でした。

ならば中島先生の無念を晴らすためにも、不肖私が旧麻布区竹谷町五番地にあったという高見順の長屋跡を特定してみせようじゃござんせんか。頼みの綱は東京逓信局が大正十三年（一九二四）に作成した「東京市麻布区図」だけ。

高見順の住んだ長屋があったと思しきあたり

というわけで、勇躍、地図を片手に歩きまわってみたものの、結局は長屋跡を特定することはできませんでした。関係者のみなさまには、デカイ口を叩いたことをお詫びいたします。

こうなったら、ＦＢＩの超能力捜査官にでも探索をお願いするしか方法はないかも……そんなことをマジメに検討したほど、町の風景は激変しておりました。

旧竹谷町五番地は現在の南麻布一－十二、一－十八～十九、一－二十三、一－二十七、一－二十九に該当し、かなり広範囲にわたっているため、ピンポイントで「ここだ！」と特定するのは困難。

唯一の手がかりは、高見の文章に出てくる崖下の風景なのですが、これとても範囲が広すぎて、いまひとつ決定打に欠けるというのが正直なところ。ま、予測していたことではあるのですが、なんともお恥ずかしい限りでございます。

とはいえ、これでENDというのもナンなので、イマジネーションを全開にして、「たぶんこのあたりでは？」と私が勝手に選んだ場所を発表しておくことにします。そこは一丁目十九の一区画で、崖下からも比較的近く、往昔この細い道に沿って長屋が並んでいたとしても違和感のないエリアです。

崖上のほうから吹いてくる風に乗って、夕餉の匂いが鼻先をかすめていきます。景観は激変しても、どこかに人々の営みを感じさせてくれる竹谷町は、やはり私にとっては特別の場所なんだなァ……などと感傷に浸りかけた私を、遠く聳える元麻布ヒルズ＆六本木ヒルズの両タワーがすました顔で見下ろしておりました。

エピローグ　蟇池《がまいけ》伝説

十番小僧の最大聖地

蟇池……たまらなく蠱惑《こわく》的なこの響き。十番小僧の最大聖地にして、麻布十番でいまなお語り継がれる幻の池――。

ずいぶん躊躇したあげくに、やはり蟇池について書かずに本書を完結するわけにはいかないという使命感に衝き動かされて、いま、このエピローグを草しています。

これを書くことに逡巡したいちばん大きな理由は、蟇池という池が確実に存在しているにもかかわらず、現在の私たちがこれを目にすることができないという、なんとも残念で不条理な状況に置かれているからで、ツチノコじゃあるまいし、実際に見られないものについて滔々と語ってみたところで、読者のみなさんに資するものはないんじゃね?……と、根が殊勝な性格の私は考えたからであります。

そんな舌の根も乾かぬうちに、すでに私は「プロローグ」において早くも蟇池を紹介しており、さらに根が計算高い性格の私が、第四章でも〝番宣〟よろしく「蟇池の章」を予告していたことは、もはや覆しようのない事実とはいいながら、結論をいえば、十番小僧はそれだけ蟇池を愛しているという普遍の真理へと行き着くのでした。

というわけで、これまでに都合六回も連呼している蟇池とは、いったいどんな池なのか？　そして、蟇池が「幻の池」と称される所以は？

まずは、この文章をお読みくださいまし。

昭和34年の蟇池
（前掲『増補 写された港区 三』より）

《道に沿って朽ちた板塀があり、こんもりとした樹木がその上に枝をのばしていた。（中略）板塀の一枚が左右に押し広げられ、三角形の出入口になっている。

慎重を期して順番に秘密の穴をくぐり、生い茂る灌木やからみつく蔓をかき分けて進むと、踏み固められた狭い道はさらに下っている。（中略）むんむんする草いきれに圧倒され、泥がぬかるんでつるつる滑る坂道に足をとられながら、両手で背よりも高い草を払いのける。

突然、視界が開け、その特別な場所が全貌をあらわす。

緑の濃いよく繁茂した樹木に囲まれた原っぱの中央に、学校のプールの何倍もある池がたっぷりとした水をたたえていた。

　頭上には、そこだけ木々が枝をのばせない、明るい空がぽっかりと丸く広がっていた。霞町（現・西麻布）から三田に抜ける車の音も、麻布十番から上がってくる車の音も、ここまでは届かない。

（中略）〝がま池〟。噂には聞いていたが、周助がここに来るのは、今日がはじめてだ。

　近所の子供たちのあいだでは、すでに伝説となっている、幻の遊び場だった。》

南麻布出身のエッセイスト、山口正介さんの『麻布新堀竹谷町』に描写された蟇池の風景です。引用したのは全体のほんの一部なのですが、この文章には蟇池の歴史を語るうえでたいへん重要になるポイントが、いくつもふくまれています。

「伝説」になった池

まず明瞭になったことは、山口さんが幼少期を過ごした昭和三十年代当時の蟇池をとりまく環境と位置づけが、私が十番小僧だった頃と、ほぼ変わっていないということ。

山口さんが板塀を押し広げた秘密の穴から蟇池に侵入したように、私が十番小僧だった時分からこの方、蟇池は常に板塀や工事用のフェンスなどで囲まれており、私たち悪ガキも同じように、塀をよじ登ったり、塀の隙間の穴から蟇池に忍び込んだものでした。では、蟇池は何故ずっと塀で囲まれてきたのか。

その理由は単純で、昔も今も、蟇池が常に誰かの「私有地」になっていたからです。

江戸時代、蟇池は山崎主税助という旗本の屋敷内にあり、ここから麻布七不思議のひとつである「蟇池伝説」と「上の字信仰」が生まれました。伝説のあらましは、次のとおりです。

池に棲んでいた大蟇が主税助の家臣を食い殺してしまった。激怒した主税助が池の水を抜いて蟇を退治しようとしたところ、夢枕に立った蟇が詫びを入れ、命を助けてくれたら、この屋敷を火災から守ると誓って、火傷の薬まで伝授した。蟇を赦した主税助は池の畔に小祠を建て、これを祀ることにする。数日後、古川岸で発生した火災が屋敷に迫ると、大蟇が現れて口から水を吹きかけ、約束どおり屋敷を火の手から守ったという。

この伝説にはいくつかのバリエーションがあるのですが、右記の話には後日談があって、類焼を免れた山崎家では防火のための守り札（護符）を拵えるようになり、これが人口に膾炙。札の上部にただ一文字「上」と記されていたことから、「上の字様」と呼ばれて人気を博したそうです。

これがすなわち「上の字信仰」で、明治維新後は山崎家の家来筋にあたる清水家が護符を頒布するようになりますが、その後、頒布元は十番にあった末廣稲荷神社（空襲で焼失）に移り、現在は十番稲荷神社で家の諸災難除けとして販売されています。

というわけで、江戸期まで山崎家の屋敷内にあった蟇池ですが、維新後は明治の元老・渡辺千秋の次男、渡辺国武子爵の所有となり、爾来、蟇池は幾度にもわたる存亡の危機に晒されながら、波瀾曲折の運命をたどることになるのです。

大正から昭和にかけて、屋敷街だった蟇池周辺の地域は細かく区画化され、分譲地として売り出されるようになります。昭和十二年（一九三七）になると宅地化の波は蟇池まで押し寄せ、池のおよそ四割が埋め立てられてしまいますが、このころはまだ、近隣住民が釣りにやって来るような憩いの空間だったようです。

池への立ち入りが禁止になるのはその後のことですが、山口正介さん（小説では周助）が蟇池に初侵入した昭和三十年の中ごろには、すでに一般の立ち入りは禁じられており、蟇池が所有者と周縁住民たちの占有物になっていたことがわかります。

しかも、山口さんの文章によって、その当時の子供たちが蟇池を「幻の遊び場」と呼んでいたことも明らかに。つまり蟇池は、すでに昭和三十年代から「幻の池」だったわけですね。

その理由はただ一つ。蟇池への一般の立ち入りを所有者が禁じていたからにほかなりません。秘すれば花なり、秘せずは花なるべからず。この世阿弥の言葉を私流に超訳すると、世の中のあらゆる事象は、隠されることによってレジェンドとなり得るのであります。その逆もまた真なりで、もし蟇池が一般解放区だったら、幻の池として伝説化されることもなかったでしょう。同じ十番界隈にありながら、日曜の午後になると池畔にベビーカーひしめく「有栖川記念公園」の鴨池が、未来永劫レジェンドと呼ばれる可能性がゼロなのも、そうした事情によります。

埋め立ての危機を越えて

ずっと秘されたまま、当時の十番小僧たちに「幻の池」と畏敬されてきた蟇池が新聞紙上を賑わせたのは、昭和四十六年（一九七一）のことでした。

蟇池をふくむ土地を私有していた渡辺国武子爵の子孫が、池畔に三階建てマンションの建設を計画。しかも、建物の一部が池の上にまでせり出す設計だったため、池の底に太い柱が打ち込まれることに。

この計画に異を唱えたのが近隣に住んでいた外国人たちで、景観や自然環境が損なわれることを理由に猛烈な反対運動を展開。その経緯は新聞各紙に取り上げられました。

当時小学生だった私はもちろん、この騒動の核心が何であるかを理解することはできませんでしたが、池の周囲に張り巡らされたものものしい工事用フェンスを見て、「とうとう蟇池が埋め立てられちゃうんだなあ……」と、妙にシラけたような気分になったことを憶えています。

結果として、反対運動は功を奏することなく、予定どおりにマンションは完成しましたが、池が埋め立てられることはありませんでした。しばらくして、池の近所のマンションに同級生のＨクンが引っ越してきたので、これ幸いとばかりにベランダへ出ては蟇池を観察したものですが、やや景観が変わったとはいえ、まだまだ蟇池は健在でした。

ふたたび蟇池が世間の耳目を集めるのは、それから三十年を経た平成十三年（二〇〇一）で、すでに麻布十番を離れて久しかった私は、対岸の火事を……というよりも、偶然クローゼットの奥から出てきた小学校の卒業アルバムを眺めるような心持ちで、新聞に載っていた「がま池一部埋め立て計画　開発業者が新マンション建築予定」という見出しに目を走らせていました。

このときの騒動は、新たに池を所有することになった不動産会社が三十年前のマンションの建て替えを発表。反対運動がヒートアップするなかで工事が開始され、翌年の夏には地上六階の新マンションが完成。つまり、三十年前の騒動が繰り返されたわけです。

ちなみに「十番だより」は、この騒動を次のように報じていました。

「マンション部分の建て替え工事はすでに（二〇〇〇年の）二月一日から始まっており、往時の五分の二にまで縮小してしまっている池がこの上さらに埋め立てられて、その身を削られなければならないのか、周辺住民ならずとも大変気になるところである。今、池の周辺はぎりぎりまで家が建ち並ぶ。残された僅かな土の部分に笹が茂り、柳、椿、桜はじめ種々の樹木がひしめき、片隅には竹林が控え、樹々の梢には百舌や鵯や椋鳥が遊ぶ。（中略）追いつめられて、必死に生きようとしている自然を蟇池の現在（いま）に見た。残存する麻布七不思議のひとつは、そんな危うい立場にさらされて今日も喘いでいる」（二〇〇一年三月号）

この工事によって、蟇池はさらに四分の一を埋め立てられましたが、実際の光景を生で見たことはありません。平成二十一年（二〇〇九）に『ブラタモリ』で紹介された映像を見たときには、正直いってショックでしたねえ。そこには、かつて私たちが体験した深山幽谷の不思議な雰囲気はなく、池の水は濁っていました。

現在の蟇池は四方を城壁のような複数のマンションに取り囲まれているため、外側から敷地内を窺うのはきわめて困難。ほんの数年前までは、マンションの駐車場の奥から池の端を垣間見ることができたのですが、私のような出歯亀が頻出したせいか、最近ではそれも不可能になりました。

それでも合法的な手段によって蟇池のたたずまいを網膜に焼きつけたい方は、マンションの住人とお近づきになるしか方法はないでしょうなあ。それなりの手土産を奮発して……。

冗談はさておき、最後に蟇池のマンションにお住まいのみなさんにお願いがあります。

みなさんが毎日ご覧になっている、その小さな池は、私たち十番小僧が畏敬し、不法侵入で訴えられるかもしれない危険を冒してでも一度は自分の眼で見てみたかった、大切な場所です。

どうか私たちにとって永遠の聖地である蟇池を、慈しみの心をもって見守ってください。

それが麻布十番で育ったかつての小僧たち全員の、偽らざる願いであることをお忘れなく――。

あとがき

昭和三十九年（一九六四）、東京オリンピックが開催された年に開業した地下鉄日比谷線の六本木駅。これを契機に、隣町の六本木が日本有数の大繁華街へと急成長していくのを横目で見ながら、時代に取り残された十番商店街は、長い冬の時代へと突入します。

それから五十五年の歳月を閲して、二度目の東京オリンピック開催を目前に控えたいま、あらためて麻布十番を眺めてみようという発想のもとで本書の執筆はスタートしました。

麻布十番の谷地に踏み入り、坂を上って台地の尾根を進み、そしてまた坂を下るという、さながら〝タウン・トレッキング〟ともいうべき取材の日々を通じて私の脳裏に去来したフレーズは、

「年々歳々人相似たり、歳々年々街同じからず」

という唐代漢詩のモジリでした。街の風景は著しく変貌したけれども、この地に根を張り、たくましく生活を営む人々の心魂は変わっていない、というほどの意味です。

下町情緒などという体のいいフレーズに幻惑されて十番商店街を訪れた来街者が共通して抱く、失望感と徒労感には計り知れないものがあります。しかし、下町情緒の本質がコミュニティを構成する一人ひとりの心奥に畳み込まれた共同体意識（隣組という考え方）であるならば、その本質は街の風景を望見するだけではけっして感受することはできません。取材をとおして、その一端を明ら

かにした拙著が、万に一つも読者のみなさまの「風景を透視する眼」を養うための一助になり得たとすれば、筆者としてこれほど嬉しいことはありません。

本書の執筆に際しては、文中にご登場願った多士済々の「十番の快人」をはじめ、麻布十番商店街振興組合の庄司光敬理事長、麻布十番に縁ある方々から貴重な証言とご協力を賜りました。心より御礼を申し上げます。

また、生来の怠惰に私的な事情が重なって、脱稿までに足かけ四年を費やしてしまいましたことを、関係者のみなさまに深くお詫び申し上げる次第です。その間に、私が企画に携わった『新日本風土記・麻布十番』（ＮＨＫ－ＢＳプレミアム／二〇一八年十二月十四日放送）が早々とオンエアされてしまい、放送と同時期に本書を上梓するという当初のプランは破綻。

そんな状況にもかかわらず、額に青筋の一本もたてることなく、ジェントルな心意気で事態を静観してくださった、言視舎の杉山尚次社長の海容に感謝の誠を捧げます。

そして、元・十番小僧の与太話に長々とおつきあいくださった読者のみなさまにも、深甚の謝意を！

二〇一九年七月

辻堂真理

参考文献

『新修港区史』（東京都港区役所）
『港区の歴史』俵元昭（名著出版）
『港区史跡散歩』俵元昭（学生社）
『古川物語』（財団法人森記念財団）
『十番わがふるさと』稲垣利吉（自費出版）
『港区　文化財のしおり』港区教育委員会事務局（港区教育委員会）
『港区歴史観光ガイドブック』（港区産業振興課）
『増補　写された港区　三（麻布地区編）』（港区教育委員会）
『増補港区近代沿革図集　麻布・六本木』（港区立港郷土資料館）
『江戸の外国公使館』（港区立港郷土資料館）
『ヒュースケン日本日記』青木枝朗＝訳（岩波文庫）
『江戸名所図会』〔三・六巻〕鈴木棠三　朝倉治彦＝校註（角川文庫）
『港区における商店街・商店等実態調査報告書』（港区政策創造研究所）
『ルポ　東京再興』島田章（日本経済新聞社）
『六本木高感度ビジネス』桑原才介（洋泉社）

『綺堂むかし語り』岡本綺堂（光文社時代小説文庫）
『私のなかの東京』野口冨士男（中公文庫）
『新東京百景』山口瞳（新潮文庫）
『麻布新堀竹谷町』山口正介（講談社）
『麻布の少年』暗闇坂瞬（明窓出版）
『東京花街・粋な街』上村敏彦（街と暮らし社）
『麻布十番を湧かせた映画たち　十番シネマパラダイス』遠藤幸雄（自費出版）
『映画館へは、麻布十番から都電に乗って。』高井英幸（角川文庫）
『東京の「怪道」をゆく』川副秀樹（言視舎）
『江戸と東京の坂』山野勝（日本文芸社）
『江戸の大名屋敷を歩く』黒田涼（祥伝社新書）
『凸凹を楽しむ東京「スリバチ」地形散歩』皆川典久（洋泉社）
『カラー版　東京凸凹地形散歩』今尾恵介（平凡社新書）
『地形を楽しむ東京「暗渠」散歩』本田創＝編著
『地形で解ける！東京の街の秘密50』内田宗治（実業之日本社）
『金持ちは崖っぷりに住む』小林一郎（祥伝社新書）
『東京一〇〇〇〇歩ウォーキング　港区三田・麻布十番コース』籠谷典子（明治書院）

『なんとなく、クリスタル』田中康夫（河出書房新社）
『蕎麦屋の系図』岩崎信也（光文社知恵の森文庫）
『落語と歩く』田中敦（岩波新書）
『永井荷風全集』〔全三十巻〕永井荷風（岩波書店）
『荷風と東京「断腸亭日乗」私註』川本三郎（都市出版）
『永井龍男全集』〔全十二巻〕永井龍男（講談社）
『高見順全集』〔全二十巻　別巻一〕高見順（勁草書房）
『高見順日記』〔全八巻〕高見順（勁草書房）
『現代日本の文学24　高見順集』高見順（学習研究社）
『評伝・高見順』坂本満津夫（鳥影社）
『詩人高見順』上林猷夫（講談社）
『人と作品　高見順』石光葆（清水書院）
『われは荒磯の生れなり　最後の文士高見順』〔上・中巻ノ一・中巻ノ二〕川口信夫（自費出版）
『ちくま日本文学　岡本かの子』岡本かの子（筑摩書房）
『鎮魂「二・二六」』もりたなるお（講談社）
『月刊歴史街道』〔平成三十年四月号〕（ＰＨＰ研究所）

※この他に、『十番だより』（麻布十番商店街振興組合）のバックナンバー、各種ホームページの記事等を参考にさせていただきました。

[著者紹介]
辻堂真理（つじどう・まさとし）
1961年東京生まれ。ノンフィクション作家。昭和40年代に麻布十番で育つ。映画助監督、映画業界紙記者を経て放送作家。『そこが知りたい』『NONFIX』『ザ・ワイド』『スッキリ』など、150本以上のテレビ番組に携わる。埋もれた人物の発掘と、各界著名人の知られざるドラマの発見をテーマに取材を続けている。著書に『コックリさんの父　中岡俊哉のオカルト人生』（新潮社）がある。

装丁………長久雅行
DTP制作………勝澤節子
編集協力………田中はるか
※現在の麻布十番の写真は撮影著者（カバーも）

麻布十番　街角物語
街に刻まれた歴史秘話

発行日❖2019年8月31日　初版第1刷

著者
辻堂真理
発行者
杉山尚次
発行所
株式会社言視舎
東京都千代田区富士見2-2-2 〒102-0071
電話03-3234-5997　FAX 03-3234-5957
https://www.s-pn.jp/
印刷・製本
モリモト印刷㈱

ISBN978-4-86565-158-4 C0036

言視舎刊行の関連書

978-4-86565-006-8

東京の「怪道」をゆく
「異界」発掘散歩

隅田川の流れを辿り、異界との境界線を発掘散歩。都会の雑踏に埋もれてしまった怪談めいた七不思議（麻布七不思議を含む）の足跡を探し歩き、現代人のロマンや都会に眠る現実と異界との接点や伝説の残り香・庶民の隠れた歴史を探す。写真、地図付。

Ａ５判並製　定価1800円＋税

川副秀樹著

978-4-86565-138-6

文人たちのまち 番町麹町

東京の中心に位置する千代田区の番町麹町界隈は、かつて多くの文学者、芸術家たちが住む「文人町」だった。「お屋敷町」の風情を残す魅力的なまちの記憶を辿り、さまざまな文人たちの足跡を探る。「文学散歩」に使える地図多数。

新井巌著

四六判並製　定価1700円＋税

978-4-86565-066-2

蒲田の逆襲
多国籍・多文化を地でいく
カオスなまちの魅力

「汚い」「危ない」「騒がしい」なんて、もう言わせません！多様性に満ち、東京でも比類のない多国籍で多文化なまちなのです。2020年に向けて、日本が本気で多様性を受けいれるつもりなら、蒲田を見習うべし。

四六判並製　定価1500円＋税

田中攝著

978-4-905369-17-2

吉祥寺　横丁の逆襲
“街遊び”が10倍楽しくなる本

「住みたい街ナンバーワン」の吉祥寺、でも乗降客の伸び率もいまいち、中央線のライバル街の後塵を拝している観もあり、「活性化」「巻き返し」が求められている。そこで、横丁に注目。徹底取材を経て、街の濃い歴史、独特の都市論を展開。懐かしい写真多数。

桑原才介著

四六判並製　定価1400円＋税

978-4-86565-062-4

浅草と高尾山の不思議
東京を再発見する大人の旅

この組み合わせは新しい！　東京の東と西のパワースポット浅草と高尾山。外国人にも人気のこの２大「聖地＝観光地」は、なぜ人を引き寄せるのか？　対比することではじめて明らかになる「謎」めいた魅力の本質。古地図、写真多数。

四六判並製　定価1600円＋税

川副秀樹著